REINOS
de los
ÁNGELES
en la
TIERRA

Otros títulos en español de Hay House por Doreen Virtue

Curándote con los Ángeles: Cartas Oráculas,
Doreen Virtue

Guía Diaria de Sus Ángeles,
Doreen Virtue

Sánese con los Ángeles,
Doreen Virtue

🌿 🌿 🌿

(760) 431-7695 • (800) 654-5126
(760) 431-6948 (fax) • (800) 650-5115 (fax)
Hay House USA: **www.hayhouse.com**®

REINOS
de los
ÁNGELES
en la
TIERRA

Más Información Acerca de Ángeles
Encarnados, Elementales,
Magos y Otros Trabajadores de la Luz

DOREEN VIRTUE

HAY HOUSE, INC.
Carlsbad, California • New York City
London • Sydney • Johannesburg
Vancouver • Hong Kong • New Delhi

Derechos reservados de autor © 2007 por Doreen Virtue

Publicado y distribuido en los Estados Unidos por:
Hay House, Inc., P.O. Box 5100, Carlsbad, CA 92018-5100 USA
• (760) 431-7695 ó (800) 654-5126 • (760) 431-6948 (fax) ó
(800) 650-5115 (fax) • www.hayhouse.com®

Supervisión de la editorial: Jill Kramer • *Diseño:* Tricia Breidenthal
Traducción al español: Adriana Miniño: **adriana@mincor.net**

Título del original en inglés: REALMS OF THE EARTH ANGELS:
More Information for Incarnated Angels,
Elementals, Wizards, and Other Lightworkers

ISBN: 978-1-4019-1890-3

Impresión #1: Mayo 2008
Impresión #2: Mayo 2015

Contenido

Nota aclaratoria
al lector

$\mathcal{E}$ste no es un libro típico sobre historias de ángeles, ni tampoco sobre ángeles en el sentido ordinario de la palabra. Aunque algunas personas piensan por lo general, que los Ángeles en la Tierra son hacedores del bien, podrán darse cuenta de que en esta obra se asume el término de manera literal. El material de estas páginas puede sorprender, e incluso consternar, a las personas que están acostumbradas a una visión más tradicional de los ángeles.

Algunos pueden confundir la intención de este libro, asumiendo que apoya la idea de la separación en grupos. Sin embargo, lo que aquí presento es apenas una descripción de las características relacionadas con la personalidad, la conducta y el aspecto físico de los ángeles en la Tierra, similar al tipo de información que se encuentra en los libros de astrología. Aquellos de ustedes que son Ángeles en la Tierra se sentirán identificados con los conceptos de este libro; sin embargo, otros podrían malinterpretar o incluso objetar lo que aquí presento. Mi intención es ayudar y sanar, pero este tipo de acciones a veces crea controversia.

Desde que mi libro, *Earth Angels* (Ángeles en la Tierra), fue publicado en 2002, he tenido la oportunidad de hablar con muchas personas sobre ese tema. En mis programas de certificación, hablamos a fondo sobre los reinos, e incluso ayudo a mis estudiantes a descubrir su reino de origen.

Estos estudios aportaron información adicional sobre nuevos reinos.

Cuando comencé a enseñar sobre los reinos de los Ángeles en la Tierra, descubrí que algunas personas no podían relacionarse con el contenido presentado. Al principio, asumí que eran "almas en evolución," "metamorfos," o "diletantes". Esto significa que habían experimentado con distintos reinos y no lograban identificarse solamente con uno.

Eventualmente, comprendí que estos individuos pertenecían a nuevos reinos que no habían sido descubiertos. Cuando comencé a identificarlos, todo empezó a cobrar sentido en mis investigaciones, y este libro es el resultado de mis estudios sobre estos nuevos reinos. También he descubierto información adicional sobre los reinos previamente descritos en *Ángeles en la Tierra*.

En esta obra encontrarán los mismos temas del libro original, *Ángeles en la*

Tierra, sin embargo, mis oraciones y mi intención son: que ustedes disfruten de la nueva información descubierta desde que mi libro original fuera publicado.

Creo que todavía existen algunos reinos que serán descubiertos en los próximos años, por lo tanto, les doy la bienvenida a sus cartas y opiniones sobre este asunto.

Todas las historias en este libro son verídicas, y todos los individuos cuyas historias aquí se relatan han otorgado permiso escrito de publicar sus historias. También son reales los nombres en este libro, con excepción de tres personas que solicitaron el anonimato, y dos que pidieron usáramos solo sus iniciales. Les agradezco que me hayan contado sus historias, ya que sus experiencias nos enriquecen a todos.

Capítulo uno

¿Es usted un Ángel en la Tierra?

¿Se siente distinto a los demás, como si lo hubieran depositado en este planeta, y se pregunta cuándo vendrán a llevarlo de vuelta a casa? Si es así, usted podría ser un *Ángel en la Tierra,* lo cual es otro término para *Trabajador de la Luz, Índigo, Cristal,* o cualquiera de las palabras usadas para describir a una persona que se encarna con el propósito expreso de ayudar a que el mundo sea un mejor lugar.

Cada persona nace con una misión personal que debe aprender y mejorar. Todos elegimos un tema para nuestra vida en el cual trabajamos en una lección de vida tal como: paciencia, perdón o compasión. Sin embargo, los Ángeles en la Tierra tienen también una misión *global* además de la misión personal... y esta misión global es ofrecerle un servicio al mundo.

Si usted tiene pasión y talento para la sanación, la enseñanza o el servicio, y al mismo tiempo tiene problemas de adicción, problemas de peso, relaciones conflictivas o cosas por el estilo, usted podría ser un Ángel en la Tierra. Si usted es en extremo sensible y detesta la violencia en cualquiera de sus formas, ¡entonces podría muy bien ser un Ángel en la Tierra!

A pesar del hecho de que todas las almas se originan de la misma fuente Divina, nuestro ambiente y nuestra historia personal moldean nuestras personalidades y características físicas. Por ejemplo, las personas que pasan la mayor parte del tiempo deslizándose sobre las olas en playas tropicales, tienen un aspecto y una actitud distinta a las personas que trabajan diariamente en oficinas en la ciudad.

De igual manera, todas sus vidas pasadas lo han impactado. Y así como su familia física lo influencia, también su familia del alma moldea su apariencia, su conducta e incluso su propósito de vida. Repito, el *interior* de todos los seres es el mismo: una hermosa e inmaculada chispa de luz Divina. Sin embargo, si es un trabajador de la luz, *su* chispa de luz puede haber pasado un tiempo en reinos celestiales lejanos a la Tierra. Esas vidas en las cuales perteneció al reino angélico, al reino de los elementales, o a otros planetas, han influenciado lo que usted es hoy día. Aunque se encuentre en un cuerpo humano, su alma se siente como un viajero en un país extranjero, porque, en esencia, eso es lo que usted es.

Claro está, no todo el mundo es un Ángel en la Tierra, porque para la transición a la Nueva Era de la Paz, Dios llamó a sus chispas más grandes y brillantes de luz para que desempeñaran este papel. Los humanos, que no son Ángeles en la Tierra, están viviendo solamente para su propio crecimiento, descanso o disfrute. Ellos pueden ser personas densas o decididamente poco espirituales, y sin embargo, también son chispas Divinas de vida. Solo que sus vidas están dedicadas exclusivamente a los asuntos humanos y terrenales.

La misión vital
de los Ángeles en la Tierra

Si usted es un Ángel en la Tierra, entonces es un poderoso trabajador de la luz con un legado de milagros y sanaciones en su pasado y en su futuro. Aceptó la misión Divina de venir a la Tierra y de extender sus enseñanzas y sus energías sanadoras. ¿Qué tal le ha ido con su tarea?

Si ha tenido dificultades ajustándose a la vida terrenal, probablemente encontrará respuestas, alivio y guía al recordar su origen espiritual.

Usted podría descubrir que es ángel encarnado, elemental, ser estelar cuyas vidas pasadas han sido extraterrestres, ser marino (sirena o tritón), leprechaun, caballero paladín, sabio: hechicero, alto sacerdote o mago encarnado. Usted es un servidor experimentado que ha sido llamado a la acción, es un Ángel en la Tierra. Podría haber tenido vidas pasadas en la Tierra como ángel encarnado, elemental o algo por el estilo, pero ha olvidado estas encarnaciones, creyendo que sus vidas pasadas fueron humanas.

El término, *Ángeles en la Tierra,* no debe confundirse con *ángeles encarnados,* el cual es uno de los reinos de los Ángeles en la Tierra. Al aprender acerca de su reino espiritual de origen, comprenderá más sobre su propia personalidad, conducta y peculiaridades. Tal como ya mencioné, esto es similar a la forma en que nuestros signos astrológicos solares nos agrupan en categorías importantes.

Mis primeros trabajos con los Ángeles en la Tierra

La primera vez que obtuve información sobre los Ángeles en la Tierra fue a través de mi práctica privada, en donde daba sesiones sobre ángeles, actuaba como médium y hacía lecturas psíquicas. Mis clientes por lo general, consistían de trabajadores de la luz que estaban postergando la realización del logro de su misión de vida.

Jamás olvidaré el primer Ángel en la Tierra que identifiqué durante una sesión. Mientras examinaba sus hombros, observaba su aura y sus guías espirituales, luego vi físicamente un asta similar a una arteria extendiéndose hacia arriba desde su hombro izquierdo. Cuando vi el punto en donde el asta se fijaba, me quedé sin aliento. Ahí mismo, girando por encima de ella, ¡sobrevolaba una nave espacial! Yo nunca había demostrado interés en los OVNIS y en los extraterrestres, y por el contrario, sentía que ese tema me intimidaba. Dudé en decirle lo que había visto, pero había aprendido a confiar en mis visiones y a entregarlas fiel y literalmente a mis clientes. He descubierto que aunque *yo* no las llegue a entender, mis clientes por lo general sí lo hacen.

Entonces, respiré profundamente y exclamé: "Veo lo que parece una nave espacial sobrevolando sobre ti."

"¡Oh, sí!," respondió mi clienta casual-mente. "Siempre ha estado conmigo." Me quedé perpleja. Sin embargo, escuché con la mente abierta mientras me explicaba que la nave era su guía protectora siempre presente, que la observaba y le ofrecía información cuando la necesitaba. Ella me informó que había visitado la nave en sus jornadas de ensoñación.

Poco tiempo después, tuve otros clientes con las mismas conexiones extraterrestres. Siempre he notado patrones de personalidad y de conducta, y pronto me di cuenta que mis "clientes estelares" tenían similitudes en los colores del aura, los rasgos faciales, los patrones de sus relaciones y sus misiones en la vida.

Al descubrimiento de otros reinos

Gran parte de la información esotérica que recibo proviene de mis propios guías y ángeles, quienes me transmiten mensajes mientras duermo, o durante lecturas o meditaciones. A través de estos medios, me dijeron que buscara entre mis clientes, y los miembros de mis audiencias, a seres que hubieran encarnado en otros grupos de almas.

Primero estudié a los *ángeles encarnados*. Estos hombres y mujeres tienen rostros angelicales, cuerpos corpulentos, historias de relaciones codependientes y son ayudantes perennes; por ejemplo, mi clienta, Laurie, es el prototipo de un ángel encarnado. Es una enfermera rubia dulce y atractiva con un cuerpo grande y curvilíneo, y un rostro en forma de corazón. Tras años tratando de ayudar a su esposo a recuperarse del alcoholismo, Laurie, finalmente tomó la dolorosa decisión de divorciarse. Ahora está tratando de encontrar la manera de transmitir sus habilidades naturales de sanación en una práctica privada.

Luego descubrí el grupo llamado: *elementales encarnados*. Mi clienta, Jayne, es miembro típico de ese clan. Pelirroja, con un corte tipo duendecillo, y un cuerpo delgado y larguirucho, Jayne parece el tipo de persona que usaría zapatos verdes de elfo con los dedos de los pies enroscados hacia arriba y campanillas en las puntas. Es entrenadora profesional de perros y una ávida defensora de los derechos de los animales. Rompió el compromiso de boda con su novio, porque él deseaba que se mudaran de las montañas donde ella había crecido.

"Él había planeado mudarse a la ciudad," explicó Jayne. "Me marchitaría hasta la muerte si no estuviera cerca de la naturaleza, especialmente si me mudara a la ciudad, en donde prácticamente no hay árboles."

Durante muchos años, asumí que estas categorías eran las únicas de donde se originaban los Ángeles en la Tierra: ángeles encarnados, elementales y seres estelares. Cuando hablaba de estas categorías con mis estudiantes de consejería espiritual, un ochenta por ciento reconocía una afinidad con uno de estos tres grupos. Incluso, he reunido estudiantes en grupos con sus compañeros de clan. Los he visto llorar y reír juntos, exclamando: "¿De veras? ¿Tú también? ¡Yo también soy así!" mientras intercambiaban historias de su vida en la Tierra desde la perspectiva de su respectivo reino.

Pero siempre había estudiantes que no se identificaban con ninguna de estas categorías. "Y, ¿qué con nosotros los humanos?" preguntaban.

Mi hijo Grant, finalmente me ofreció la respuesta. Mientras asistía en North Miami a mi curso de certificación llamado: Angel Therapy Practitioner® (Practicante de Terapia Angélica), estaba hablando sobre el uso de velas en los rituales y los conjuros. Grant llevaba un tiempo estudiando la espiritualidad pagana o Wicca, y poseía un gran conocimiento al respecto. Al final de su charla, se dirigió a la audiencia y dijo: "Yo sé cuál es la cuarta categoría de trabajadores de la luz encarnados... lo sé, porque yo mismo pertenezco a esta categoría. Somos aquellos que hemos reencarnado como magos, altos sacerdotes, brujos, caballeros, hechiceros y hechiceras."

Todo el mundo se quedó sin aliento, y enseguida comenzaron las exclamaciones: "¡Sí! ¡tiene mucho sentido!" y "¡Eso es lo que soy!" La declaración de Grant sonó como algo válido, y en verdad conmocionó a los participantes de la clase.

Desde entonces, he estudiado y entrevistado a muchas personas que pertenecen a este grupo, a los cuales llamo *sabios*. Cuando hablo o escribo de este asunto, recibo confirmación de un poderoso grupo de trabajadores de la luz que se identifican con esta categoría.

Phyllis tipifica a los miembros de este grupo entre quienes he conocido y entrevistado. Tiene un rostro ovalado y ojos grandes, y su mirada distraída es la expresión de alguien que ve más allá del universo físico. Usa el cabello largo; y tiene un porte elegante, casi real. Cuando Phyllis vio las películas: *Las nieblas de Avalón, El señor de los anillos,* y *Harry Potter y la piedra filosofal,* se identificó de inmediato con las habilidades antiguas y mágicas que ella poseyó una vez. Phyllis también sabía que había sido quemada en la hoguera por haber sido bruja en una vida pasada.

Mis enseñanzas originales incluían una quinta categoría llamada los "caminantes." Estas son almas que eligen un cuerpo adulto para realizar su misión de vida, sin tener que sobrellevar la niñez y la adolescencia. Aunque los caminantes son seres altamente evolucionados que sirven misiones muy importantes, he descubierto que en realidad no provienen del reino de los Ángeles en la Tierra, sino que están en un proceso. Por esa razón no los he incluido en este libro.

Este libro incluye nuevos reinos que he descubierto desde que se publicó por primera vez *Ángeles en la Tierra*. Ahora tenemos reinos e información para muchas personas que antes fueron consideradas "almas en evolución," "metamorfos," o "diletantes" (las categorías misceláneas del reino). Pienso que hay muchos otros reinos que todavía no han sido descubiertos y que finalmente lo serán. Obviamente, este es un campo que requiere mucho estudio en el ámbito empírico.

Los efectos sanadores de este conocimiento

Cuando comencé a hablar en público sobre este concepto, comprendí que estaba tomando el riesgo de ser mal interpretada, y por esa razón me limité a tocar el tema en mis cursos de certificación puesto que los estudiantes que acudían a ellos, eran personas con la mente especialmente abierta. Incluso entonces, esperé hasta que estuviéramos en lo más profundo del curso para hablar sobre ángeles encarnados, elementales, sabios y seres estelares.

Cada vez que tocaba estos temas, los estudiantes expresaban tremendo alivio, y luego se sentían sanados. A continuación encontramos frases expresadas por algunos Ángeles en la Tierra entrevistados para este libro, respecto a sus reacciones al descubrir su origen espiritual:

- "Desde que lo supe, sentí alivio. Ya no me siento extraño, por fin siento que pertenezco a algo."

- "Una vez que aprendí cuál era mi reino, comprendí que no

había nada malo en la forma en que yo actuaba."

- "También me ayuda saber que no soy el único que se siente así."

- "Siempre supe que era distinto, y ahora sé que hay una explicación que tiene sentido."

- "Finalmente, comprendí por qué tenía que ayudar a las personas a toda costa, nunca antes había comprendido la razón de esta necesidad."

Este efecto sanador, así como las motivaciones y la información constante de mis propios guías, me animaron a continuar en el estudio de este fenómeno.

Había comenzado a escribir este libro en varias ocasiones, sin embargo parecía que el momento de hablar abiertamente de este tema nunca era el apropiado, hasta ahora. Escribí sobre este contenido en un capítulo llamado: "Ángeles encarnados, elementales, caminantes y seres estelares", en mi libro *Sánese con los ángeles*. También escribí un artículo, el cual fue reproducido en varias publicaciones metafísicas, y en mi página de internet: **www.angeltherapy. com**. Tanto el capítulo como el artículo atrajeron mucha atención, y en cada charla, los miembros de la audiencia solicitaban más detalles, o me pedían que identificara su reino de Ángel en la Tierra.

Mi antigua asistente ejecutiva, Bronny Daniels, se identificó a sí misma como un ser estelar la primera vez que detallé las categorías. (Tal como muchos seres estelares, Bronny es Maestra Reiki). Ella resonó en particular con las Pléyades (una estrella en el hemisferio boreal), y me dijo que en dos ocasiones había canalizado espontáneamente el lenguaje pleyadiano. Bronny también me encareció que escribiera este libro, y finalmente su solicitud me motivó a hacerlo, puesto que por fin sentí que era el momento apropiado.

Escribí una propuesta del libro, la cual sometí a mi casa editorial Hay House, y ellos me dijeron: "Hablaremos del tema en nuestra próxima reunión." Comencé a preguntarme si no considerarían que este contenido era demasiado raro. Bronny y sus amigos estelares oraron para que Hay House acordara publicar *Ángeles en la Tierra*. No solamente Hay House aceptó hacerlo, ¡sino que también estuvieron de acuerdo en publicar la versión actualizada que ahora usted tiene en sus manos!

Nuestro siguiente paso era entrevistar a las personas que se habían identificado con el tema de las diferentes encarnaciones de Ángeles en la Tierra. Primero consulté a los suscriptores de mi revista, a los amigos

estelares de Bronny, y a todas aquellas
personas que habían terminado mi programa de Practicante de Terapia Angélica.
Supuse que recibiría aproximadamente
una docena de cuestionarios terminados.
¡Quedé totalmente sorprendida cuando
descubrí que la encuesta había llegado al
Internet, y que había recibido cientos de
respuestas!

Características
de los Ángeles en la Tierra

Existen características que aplican a
todos los Ángeles en la Tierra, y también
son únicas para cada uno de los reinos.
Los capítulos de este libro describen cada
uno de los distintivos de los individuos de
cada reino, así como los denominadores
comunes que aplican a todos, incluyendo
los siguientes:

— **Sentirse diferente, separado o alienado de los demás.** Prácticamente todos los Ángeles en la Tierra que he conocido, entrevistado, o de quien haya leído las encuestas recibidas, han dicho que se sienten "diferentes de los demás." Para todos los reinos, excepto el de los sabios, esta característica perdura hasta la edad adulta.

Kelly es un ángel encarnado, y describe el sentimiento de esta manera: "Sentía como si no me ajustara a la sociedad, como si fuera un ser marginado. Cuando estaba en la escuela elemental, los niños siempre me decían que yo era rara. Me lo tomaba muy a pecho y pensaba: *Nadie me quiere*. Me sentaba a llorar por horas. Me sentía indefensa y compungida pues no sabía por qué ellos me percibían como un ser diferente.

"Estaba totalmente determinada a adaptarme, y deseaba con ardor que todo el mundo me quisiera. Pero lo único que me ayudó a sentir que pertenecía a algo fue cuando comencé a hacer cosas por los demás. Más tarde, me di cuenta de que algunas personas se aprovechaban de mi nobleza."

"Ahora que comprendo mi origen como ángel encarnado, puedo ver las situaciones desde una perspectiva diferente. Está bien ser distinto. Me siento bien siendo así. Así se supone que sea. Ahora no tengo que hacer cosas para gustarle a las personas."

Muchos Ángeles en la Tierra tienen que soportar bromas o insultos debido a su apariencia física, intereses y conductas. Es el caso de Terry, un ser estelar, ella recuerda: "Mis hermanas siempre me presentaban como 'la que trajo un OVNI a la Tierra.'" Ahora Terry comprende la verdad de las burlas de sus hermanas y sus palabras ya no la hieren.

—Sensibilidad intensa hacia las otras personas, hacia químicos o a cualquier forma de violencia. Los Ángeles en la Tierra se sienten incómodos en medio de multitudes, se sienten bombardeados por las emociones y las sensaciones físicas que emanan de los demás. La mayoría de ellos ha aprendido a evitar los químicos dañinos en su comida, en los productos de limpieza y de aseo, debido a reacciones alérgicas. La violencia en cualquiera de sus formas les repele, incluyendo discusiones, noticias negativas y películas violentas. Las personas a menudo los molestan por esta razón, diciendo: "¡Eres demasiado sensible!" Sin embargo, esta sensibilidad es un don sagrado que los Ángeles en la Tierra han traído a este planeta, permitiéndoles saber intuitivamente en dónde son necesarios sus servicios. ¡Aunque quisieran, no podrían dejar de ser sensibles!

Shelly, un Ángel en la Tierra, dice: "Siempre me han molestado las multitudes, y los lugares en donde hay ruido y caos. Con frecuencia, mi nivel de empatía es más un problema que una bendición. A menudo me siento disperso y desorientado ante el más ligero incremento de energía. Me cuesta trabajo vivir con otras personas, por lo tanto, hago todo lo posible por vivir solo."

— **Un fuerte sentido del propósito de vida.** Incluso si el Ángel en la Tierra no sabe específicamente cuál es su propósito, tiene la sensación de que su misión tiene que ver con enseñar y ayudar a los demás. Como lo dice Stav, un ángel encarnado: "Siempre supe que la misión de mi vida era enseñar, sanar y servir, y hacer mi parte para ayudar a este mundo atormentado. Aunque no estoy seguro de qué es exactamente lo que me comprometí a hacer, estoy dispuesto a ayudar."

**— Un patrón de relaciones frustran-
tes.** Los Ángeles en la Tierra a menudo son
criados por padres abusivos o no disponibles emocionalmente. Al llegar a la edad
adulta, pueden atraer amigos o amantes abusivos. Muchos Ángeles en la Tierra tienen
relaciones con parejas que son infieles, que
los abusan física o verbalmente, o que los
abandonan. Algunos Ángeles en la Tierra
son "enviados" a familias disfuncionales
como hijos, para actuar como catalizadores
sanadores. Estos jóvenes se sienten como
adoptados, puesto que no se identifican
para nada con sus padres y hermanos. Y
en verdad, esas son sus familias *físicas* y no
sus familias espirituales. Otros Ángeles en
la Tierra se comprometen en situaciones
familiares extremadamente difíciles, para
poder progresar mucho más rápido en una
sola vida. Solamente el firme compromiso
de comprender y sanar este patrón, parece romper el hechizo en las relaciones
subsecuentes.

— **Personas extrañas que les cuentan sus problemas y su información personal.** Los Ángeles en la Tierra durante todas sus vidas cuentan historias de personas totalmente extrañas que se les acercan a pedirles ayuda, o a contarles detalles íntimos de sus vidas. A menudo les dicen: "Algo me dice que puedo confiar en ti."

Alisann afirma: "Esto me ha ocurrido toda mi vida. Puedo estar de pie en una habitación llena de gente, y alguien se me acerca y me dice sus cosas más íntimas, sin que yo pregunte." Esta tendencia es especialmente verídica entre los ángeles encarnados, ya que los miembros de otros reinos han aprendido a desalentar esta práctica por medio de su lenguaje corporal.

— **Lucir más joven de la edad cronológica.** Puede ser debido a que se alimentan de manera más saludable, hacen ejercicio y se cuidan en general, o quizás es su cariz espiritual, pero los Ángeles en la Tierra a menudo lucen más jóvenes que su verdadera edad cronológica. Prácticamente todos los Ángeles en la Tierra que respondieron mi encuesta, informaron que las personas quedan atónitas cuando descubren su verdadera edad. Un Ángel en la Tierra dijo que le pedían identificación cuando compraba bebidas alcohólicas, hasta que tuvo casi cuarenta años. La excepción son los sabios, cuyo cabello a menudo canoso antes de tiempo, y cuyas expresiones faciales sombrías, pueden hacerlos lucir más maduros que su edad cronológica.

— **Historia posible de adicciones personales o familiares.** Ya sea comida, drogas, alcohol, cigarrillos, relaciones, o todos los anteriores, algunos Ángeles en la Tierra se vuelcan en las sustancias o influencias para adormecer el dolor de sentirse distintos, o de sentirse intimidados por la misión en su vida. Un Ángel en la Tierra lo describía de esta manera: "Era mucho más fácil para mí lidiar con la vida cuando usaba drogas y alcohol. Estas sustancias me brindaban ligereza, o una sensación de adormecimiento, que me permitían olvidarme de la razón por la cual estaba aquí. La droga ponía mi misión en segundo plano. En ese entonces, era más como una cuestión de valor."

— **Zumbido en una oreja.** La mayoría de los Ángeles en la Tierra (aunque no todos) advierten un sonido de alta frecuencia en un oído. El sonido puede estar acompañado de situaciones estresantes o puede llegar de la nada. Muchos lo consideran una molesta distracción, pero el sonido en realidad es información codificada, descargada desde el reino de los Ángeles en la Tierra, para ayudarlos a elevarse por encima de los problemas terrenales. También incluye instrucciones y guía para la misión de los Ángeles en la Tierra. Afortunadamente, pueden pedir mentalmente al cielo que baje el volumen o la intensidad del sonido para que no les duelan sus oídos.

¡Este libro es para usted y es sobre *usted!* Le pido al cielo que lo ayude a sanar las heridas que haya sufrido como consecuencia de ser diferente, de su gran sensibilidad, de ser extremadamente creativo, o de no cuadrar con los parámetros, normas, expectativas y organizaciones establecidos.

Cómo saber a cuál reino pertenece

Cada capítulo describe uno o más de los reinos conocidos de los Ángeles en la Tierra. Lea cada capítulo para descubrir de cuál reino se origina. Ponga mucha atención a las señales de su cuerpo, tales como: escalofríos, respuestas musculares, o una sensación de *déjà vu*. Si se siente identificado con más de un reino (o con ninguno de ellos), podría ser de uno que todavía no se ha identificado o de la mezcla de dos o más reinos.

Cada reino tiene características únicas de los ojos, esa es una buena manera de distinguir su origen. También puede pedirle a sus amigos de mente abierta, que lo ayuden a determinar su reino. Además, las personas que se gradúan de mis programas de Practicante de Terapia Angélica e Intuición Angélica (Angel Intuitive®), pueden ofrecerle guía profesional sobre los reinos. Algunos de ellos incluso enseñan talleres sobre el tema.

No importa de cuál reino provenga, usted es un hijo amado del Creador. Y como todo el mundo, tiene un propósito de vida importante, ¡ me siento feliz de que usted haya decidido encarnar en la Tierra en esta época!

Capítulo dos

Ángeles encarnados

*L*os Informes de ángeles encarnados datan desde por lo menos la época del apóstol Pablo, quien escribió a los hebreos: "No olvidéis la hospitalidad; gracias a ella, algunos, sin saberlo, hospedaron a ángeles." Mis libros: *Angel Visions (Visiones de ángeles)*, *Angel Visions II (Visiones de ángeles II)* y *My Guardian Angel (Mi ángel guardián)* (Hay House, 2007) incluyen historias de personas que han encontrado humanos que son ángeles encarnados.

Algunos asumen forma humana para evitar una conmoción, y luego desaparecen sin dejar rastro antes de que las personas hayan tenido tiempo de agradecerles. Sin embargo, hay otros ángeles encarnados que han elegido vivir toda su vida en un cuerpo humano, y están probablemente entre los seres de luz más queridos que se pueda concebir.

> *Cuando miras a los ojos de un ángel encarnado, ves puro y bello amor incondicional.*

Los ángeles encarnados tienden a:

- Tener el rostro dulce y en forma de corazón

- Disculparse y decir con frecuencia: "lo siento"

- "Lucir" como ángeles (ya sea hombre o mujer)

- Tener labios arqueados como Cupido y ojos de ciervo que irradian inocencia y amor

- Tener problemas de peso o de comer en exceso

- Ser asistentes profesionales: maestros, auxiliares de vuelo, enfermeros y consejeros

- Aclararse el cabello o teñir algunos mechones (sin importar su raza)

- Ser personas muy confiables

- Tener dificultades para decir no, y sentirse culpables cuando otros los ayudan

33

- Amar a los ángeles; y coleccionar estatuas, libros, joyas, etcétera, de ángeles

- Tener ángeles guardianes adicionales

- Tener su propio brillo con una gran aura a su alrededor

- Enamorarse del potencial de alguien e intentar orientar a esa persona hacia la grandeza

- Tener relaciones de codependencia con adictos y alcohólicos

- Permanecer en una relación mucho más tiempo que una persona promedio

Como mencioné en el capítulo uno, los ojos en cada reino tienen sus propias características. Los ojos de los ángeles encarnados reflejan inocencia pura y bella. Irradian amor incondicional, como los ojos de un cervatillo.

⚜ ⚜ ⚜

A menudo me preguntan sobre los *ángeles reencarnados*. En realidad, el término *encarnado* es más apropiado. Un ángel puede vivir más de una vez en forma humana, pero si en su vida reciente fue un ángel, sus características propias revelan sus verdaderos orígenes espirituales.

Muchos ángeles encarnados tienen problemas de salud, en especial: dolores faciales, síndrome de fatiga crónica y problemas ginecológicos. Louise L. Hay, autora de *Tú puedes sanar tu vida* (Hay House), dice que los asuntos de salud de la mujer se derivan de la "negación del ser y del rechazo de la femineidad"; y que los fibromas y los quistes provienen de "albergar el dolor causado por una pareja, y un golpe al ego femenino."

Estos síntomas pueden aplicar tanto a los ángeles encarnados masculinos como a los femeninos, los cuales ven más allá de la superficie cuando conocen a una persona y ven sus talentos, divinidad y potencial interior. Los ángeles encarnados comparten estas características con los ángeles en el mundo espiritual, quienes solamente se enfocan en la belleza interior, y urgen a los seres humanos para que aprovechen al máximo sus talentos naturales con el fin de lograr un mundo mejor.

Los ángeles encarnados a menudo tienen amigos y amantes que enmascaran su potencial con adicciones. Asumen estas relaciones como una "tarea", para tratar de ayudar a los demás a superar sus dudas, y a enfocarse en su fortaleza y en sus talentos. Desdichadamente, esto conlleva a menudo a relaciones frustrantes de parte y parte. Los ángeles encarnados se sienten impedidos al tratar de sanar y arreglar a sus parejas. Y las parejas preguntan: "¿Por qué estás tratando de cambiarme?" Muchos ángeles encarnados piensan que si pudieran hacer más por sus parejas, o pudieran darles más amor, estas personas lograrían cambiar. Esto está bien siempre y cuando estos individuos crean que necesitan sanarse, y que estén *listos* para hacerlo.

Mi experiencia con clientes que sufren de problemas ginecológicos y condiciones de la próstata me indica que también sufren del síndrome del "hombre o de la mujer que aman demasiado". En realidad no existe algo así como amar demasiado. Sin embargo, cuando una persona ama y *luego resiente* el hecho de no ser apreciada o correspondida, la ira acumulada puede manifestarse en síntomas físicos.

Muchos ángeles encarnados tienen historias de relaciones abusivas, y si retienen emociones tóxicas relacionadas con este abuso, naturalmente sus cuerpos protestan.

Energía, peso y alimentación

La tendencia al síndrome de fatiga crónica también ofrece otras claves acerca de la naturaleza de los ángeles encarnados, ya que todos los reinos de Ángeles en la Tierra son en extremo sensibles a la energía. No obstante, los ángeles encarnados pueden ser especialmente vulnerables a las energías tóxicas, y al desgaste de energía debido a su tendencia a ser "mujeres y hombres que aman demasiado". Estos se orientan mucho más hacia las personas, y son más propensos a trabajar en grandes corporaciones que otros tipos de Ángeles en la Tierra.

Los ángeles encarnados deben practicar técnicas de blindaje y purificación de energías, tal como se describe en la siguiente sección. De lo contrario, es como atravesar una tormenta sin abrigo. Un ángel encarnado llamado Kelly dice que esta práctica la ha ayudado en gran manera: "Cuando uno de mis colegas de trabajo se me acercaba o caminaba a mi lado, me sentía totalmente desgastada. Podía jurar que él arrebataba mi energía. Poco después, leí acerca de que algunas personas tienen una especie de 'garfio' en su campo energético, desde donde su energía se extiende y absorbe la energía de otra persona. Después de observar esto, usé los ejercicios del libro para proteger mi energía. Poco tiempo después, este hombre dejó de acercarse a mí."

Cuidar su propia energía también ayuda a los ángeles encarnados a usar la comida para fortalecer su vitalidad. Muchos ángeles encarnados comen compulsivamente, y es muy común que estos trabajadores de la luz tengan exceso de peso. Yasmin, un ángel encarnado, dice: "Ser adicta al chocolate me brinda un recordatorio diario y exquisito del cielo, por esta razón es muy difícil para mí dejar de consumirlo."

La comida ofrece una manera de enraizar a los ángeles encarnados cuando se sienten atrapados en una densa nebulosa; y también sirve de escape al estrés, especialmente los alimentos crujientes y salados como las papas fritas y las palomitas de maíz.

Parece ser que la razón por la cual muchos ángeles encarnados tienen problemas de sobrepeso no es debido a que coman demasiado, sino a que su manera de protegerse energéticamente es con grasa. Tienen gran dificultad en perder peso, incluso con dietas y ejercicios rigurosos. Esto es particularmente cierto entre ángeles encarnados que son masajistas, o que se dedican a la sanación por imposición de manos: absorben las emociones tóxicas de sus clientes, y sus cuerpos se hinchan como las esponjas al absorber el agua.

Con sus cuerpos voluptuosos, sus rostros exquisitamente hermosos y sus largos cabellos, las mujeres que son ángeles encarnados lucen como reinas de belleza gorditas. A menudo les dicen: "Tienes un rostro tan bello, pero si perdieras peso, ¡serías hermosísima!" Con estas características físicas, las actrices Delta Burke y Elizabeth Taylor son ejemplos de ángeles encarnados.

Los ángeles encarnados masculinos parecen ositos de peluche voluminosos, como el actor John Goodman; o tienen rostros dulces y aniñados, como el actor John Dye (Andrew en el programa de televisión *Touched by an Angel*).

Blindaje

Antes de aventurarse en la lluvia, usted se pone su impermeable. De igual forma, es necesario colocarse su "impermeable energético" cada vez que ayude a otra persona. Cuando abre su corazón hacia los demás, también está recibiendo energía de miedo residual que esas personas puedan estar arrojando hacia usted. Eso no significa que no debe ayudar, pero es igual que si ayudara a alguien que ha estado en la lluvia por un periodo de tiempo. Podría ser que estuviera muy enlodado, y no es de ninguna ayuda transferir ese lodo hacia usted. En otras palabras, cuando ayuda a otras personas a limpiar sus pensamientos y sus emociones, esas personas liberan sus toxinas, las cuales pueden salpicar a cualquiera que esté cerca, incluyéndolo a usted, quien ayuda.

Aquellos de ustedes que son ángeles encarnados tienden a ser las "almas generosas" de los reinos de los Ángeles en la Tierra, y deben recordar en particular usar las técnicas de blindaje antes de llevar a cabo cualquier tipo de sanación. De lo contrario, estará predispuesto a colocar grasa corporal adicional para protegerse y aislarse. La grasa adicional no proviene necesariamente de comer en exceso; y descubrirá que no se elimina como respuesta a la dieta y los ejercicios. Sin embargo, el relleno es una forma de protección que puede cambiar por una capa de Energía protectora o *blindaje.*

Solamente le toma un momento blindarse energéticamente. Lo ideal es hacerlo antes de *cualquier* sesión de ayuda o sanación, ya sea que reciba dinero o no por ella. También es irrelevante si la persona que está ayudando es un extraño, un cliente, un familiar o un amigo. Y no importa el tiempo que se tome la sesión, puede ser un breve momento o varios días.

Cada vez que esté a punto de ayudar, use la técnica del blindaje.

De todas maneras, si olvida blindarse *antes* de la sesión, puede hacerlo en cualquier momento *durante* ella. Nunca es demasiado tarde para blindarse; pero para ese entonces ya podría haber absorbido una parte del desperdicio psíquico, por esta razón es importante practicar la *purificación* después de la sesión. (La siguiente sección describe este proceso).

Con tan solo sostener la intención de blindarse con una capa protectora de luz y energía, lo ha conseguido. No hay forma de equivocarse o de negar el acceso a la luz o al escudo energético. Cualquier persona que sostenga esta intención recibe resultados inmediatos, sin excepción.

Blindarse significa visualizar, sentir o pensar que está rodeado de luz. Esta luz es la esencia de los ángeles, y es una entidad viva, amorosa e inteligente que usted invoca para rodearlo y protegerlo. No se preocupe, esta luz es siempre Luz Divina de nuestro Creador. Las denominadas fuerzas oscuras no poseen esta luz ni pueden compartirla con los demás (ni quisieran hacerlo aunque pudieran). O sea que es imposible invocar por accidente una baja energía para blindarse.

Usted se puede blindar con varios colores de luces, dependiendo de su intención. Tenga la seguridad de que su intención de rodearse con esta luz no le será negada. Cualquiera que pide recibe, sin excepción (aunque el ego a veces intenta convencernos de lo contrario, y ¡por favor, no escuche esa voz!). Los diferentes colores incluyen:

— **Luz blanca:** Esta invoca a los ángeles a su alrededor a que lo rodeen sin interrupción. Los ángeles lo protegen, y se aseguran de que usted esté a salvo y custodiado.

— **Luz rosada:** Esta es la luz que se debe invocar cuando está con una persona negativa obsesionada con sus problemas. La luz rosada envía energía amorosa hacia todas las personas que están a su lado, e igual la envía hacia su propio interior. Nada puede traspasar este escudo rosado excepto pensamientos y energías amorosas.

— **Luz verde esmeralda:** Véase o siéntase rodeado por esta luz cuando desee sanar algún desequilibrio en su cuerpo físico. Su cuerpo absorbe esta luz en donde requiera la energía sanadora.

— **Luz morada:** Imagínese
envuelto en luz de un morado
majestuoso, para aumentar
la frecuencia espiritual,
permitiéndole elevarse por
encima de los problemas, y
contactar el nivel más alto de
guía Divina. La luz morada
siempre repele cualquier energía
de una entidad inferior o
cualquier espíritu aferrado
a la tierra.

— **Luz arco iris:** Véase o siéntase
usando un abrigo de rayas de
los colores del arco iris, lo cual
incrementa su habilidad de
realizar trabajos de sanación de
energía en usted mismo o en los
demás.

Usted puede blindarse en capas de
luces multicolores si desea, con el fin de

invocar todos los efectos beneficiosos de colores varios. Por ejemplo, puede visualizar una triple capa de luz: primero la luz blanca para la energía angélica, seguida por una capa de luz verde esmeralda para la sanación, y una capa de luz morada para elevar su conciencia hacia la verdad más elevada.

Usted también puede usar blindaje para proteger a sus seres queridos, su casa, su ciudad o su país, y el mundo. Use los mismos métodos para imaginar a las personas, objetos, lugares o áreas rodeados de luz sanadora.

Purificación

Es posible que usted olvide blindarse antes de una sesión, entonces debería purificar la energía con el fin de alejar los efectos de miedo de sus propios pensamientos o de los ajenos. La fatiga es el síntoma principal al absorber estas bajas energías. Este tipo de fatiga no responde a la cafeína, a las siestas ni al ejercicio. La sensación de profundo cansancio es crónica, porque proviene de fuentes externas a su cuerpo físico. No se preocupe, puesto que usted puede fácilmente remover la causa, así como su efecto de fatiga.

Después de cada sesión de sanación o de enseñanza, o cada vez que se sienta muy cansado, use las técnicas de purificación de la Energía. Sus propios guías y ángeles pueden enseñarle métodos que se ajusten exactamente a sus necesidades. A continuación vemos algunos de mis métodos preferidos:

— **Cortar sus ataduras:** Este es un paso esencial para todos los sanadores y maestros. Todos sus estudiantes y clientes le atan cuerdas etéreas cuando creen que necesitan algo suyo. Luego, después de una sesión, eso le extrae su energía. También pueden enviarle energía tóxica a través de sus cuerdas. Este es un proceso básicamente inconsciente, aunque los cordones son visibles para una persona clarividente, y palpables para una persona clarisentiente.

Para cortar las ataduras, diga en voz alta o mentalmente:

"Arcángel Miguel, por favor ven a mí ahora y corta las cuerdas del miedo que están desgastando mi energía y mi vitalidad."

Si usted está verdaderamente pre-parado para liberar estas ataduras, el Arcángel Miguel realizará de inmediato su solicitud. Algunas veces, las personas se aferran a esas ataduras por su enfermiza "necesidad de ser necesitados." Si este es el caso, pídale al Arcángel Miguel que lo ayude a liberar los miedos que se esconden tras ese deseo. (Recuerde que los arcángeles pueden estar con cualquier persona que los invoque simultáneamente, y que no tienen restricciones ni de tiempo ni de espacio.)

— **Tomar baños de sal marina:** Si no vive cerca del océano y no tiene oportunidad de nadar en él, puede imitar sus efectos sanadores llenando su bañera de agua caliente y sal marina, la cual está disponible en cualquier tienda de alimentos saludables o en un *spa*. La sal pura extrae las energías tóxicas de sus poros. Asegúrese de usar una marca sin colores artificiales ni esencias sintéticas para que no añada, sin darse cuenta, más químicos a su cuerpo.

— **Conectarse con la naturaleza:** Las plantas y los animales brindan una pausa de las luces artificiales, las frecuencias electromagnéticas, el timbre de los teléfonos y las presiones ajenas. Las plantas también extraen las toxinas negativas de nuestro cuerpo mental, emocional y físico. Cuando se sienta cansado, dé un paseo al aire libre. También es bueno tener una planta al lado de su cama para que junto a sus hadas, puedan realizar su trabajo de purificación de la energía mientras duerme.

Ángeles y resoluciones

Los ángeles encarnados nacieron para ayudar y sanar, y han venido a la Tierra listos para implementar esta misión. Sin embargo, esta disposición puede crear dificultades si no está equilibrada.

Por ejemplo, los ángeles encarnados sienten un optimismo (y un amor) tan grandes por la humanidad, que a menudo les cuesta trabajo decir no. Puede ser necesario pasar por un entrenamiento de parte de un consejero, tomar una clase, leer un libro o escuchar una cinta de autoayuda, puesto que muchos ángeles encarnados se dicen no a ellos mismos en forma de autonegación, mientras que le dicen sí a todos los demás.

Los ángeles encarnados a menudo se disculpan por tener que pedir ayuda o no delegan, y luego resienten el hecho de que nadie los ayuda y tienen que hacerlo todo ellos mismos. Esto puede dar como resultado un "complejo de mártir o de víctima", en el cual los ángeles encarnados sienten que todo el mundo se aprovecha de ellos, en vez de comprender que son ellos quienes han creado la situación. Algunos se sienten culpables al pedir ayuda, incluso cuando le piden asistencia a sus propios ángeles guardianes, debido al temor de "molestarlos". A veces este temor se deriva de haber sido maltratados o abusados verbalmente. Los ángeles encarnados creen que hay algo malo en ellos, y no creen que merecen asistencia. Pueden desarrollar un patrón de autosabotaje y alejar las buenas oportunidades.

La forma de sanar esa área es replantearse el tema de "recibir." Esto significa que estos ángeles deben comprender que pueden dar y ayudar más a los demás si se permiten primero recibir. Por ejemplo, si se sienten llamados a ser sanadores, podrían necesitar un centro de sanación, dinero para la publicidad, una computadora y otros accesorios. También podrían necesitar dinero adicional para dejar un empleo que les quita tiempo para su práctica de sanación.

También ocurre que algunos Ángeles en la Tierra, incluyendo los ángeles encarnados, tienen dificultad para aceptar dinero por sus tratamientos de sanación. Esto puede crear un problema en el caso de los ángeles encarnados que desean dejar empleos sin sentido de los cuales dependen económicamente. Si aceptaran dinero por la sanación o la consejería espiritual, podrían darse el lujo de renunciar a su empleo y convertirse en sanadores o maestros con dedicación exclusiva.

Es importante tanto para el cliente como para el sanador, intercambiar energía durante las sesiones de sanación y enseñanza. En otras palabras, el cliente o estudiante debe dar algo a cambio. Esto puede ser dinero, comida, servicios o una donación a la organización de caridad favorita del sanador o maestro. Animar a un cliente o estudiante a que dé algo de vuelta, es parte del proceso de sanación que puede ofrecer un ángel encarnado.

Muchos ángeles encarnados no han equilibrado el área de "dar y recibir." La ley de dar y recibir significa que cada vez que damos, automáticamente recibimos. Es el flujo y el núcleo del Universo. Y es obvio que los ángeles encarnados pasen la mayor parte de su tiempo dando. De hecho, la mayoría trabaja en profesiones de asistencia, tales como medicina, enseñanza, consejería o en la industria viajera. Sin embargo, a menudo bloquean el flujo de recibir a través del autosabotaje, la negación personal y el desperdicio del dinero.

La energía femenina es muy receptiva, así que cuando un ángel encarnado en una mujer da demasiado, puede desequilibrarse con demasiada energía masculina. Esto también es cierto en el caso de los ángeles encarnados en hombres. Dar continuamente, sin tomar el tiempo para uno mismo, es otra razón por la cual los ángeles encarnados pueden sufrir de fatiga.

Las afirmaciones para sanar este desequilibrio son: "Recibo el bien con alegría," y "conforme más me permito recibir, mejor me siento ayudando a los demás." Si los ángeles encarnados afirman estas palabras repetidamente y adoptan el hábito de mimarse y consentirse, estarán más abiertos a recibir de otras maneras, como, por ejemplo: aceptar ayuda con su misión. Los ángeles encarnados más florecientes comprenden que ayudan a acelerar el plan divino de paz, si trabajan en equipo pidiendo y recibiendo ayuda mutua.

Los ángeles encarnados se sienten muy cómodos siguiendo reglas, y pueden sentir miedo de romperlas. Son arduos trabajadores, a menudo bordean el perfeccionismo en sus carreras. De hecho, las encuestas sometidas para esta obra por los ángeles encarnados, fueron presentadas con sumo esmero y organización en comparación con las encuestas sometidas por los otros reinos. Estas características hacen que sea cómodo para ellos trabajar en ambientes institucionales o académicos.

Muchos ángeles encarnados trabajan para hospitales, escuelas y aerolíneas. Los ángeles encarnados en mujeres se emplean con frecuencia como enfermeras, maestras y azafatas, o cualquier tipo de trabajo que requiera un corazón amoroso y una santa paciencia. Siempre he pensado que la idea de que muchos asistentes de vuelo fueran ángeles encarnados es perfecta, después de todo, ¡los ángeles están acostumbrados a volar!

Las vidas personales de los ángeles encarnados

Puesto que los ángeles encarnados son físicamente atractivos, y tienen un corazón grande y amoroso, raramente tienen problema alguno atrayendo parejas o amigos. Sin embargo, la verdadera dificultad radica en encontrar relaciones *satisfactorias*. Los ángeles encarnados a menudo ven a sus parejas y a sus amigos como clientes potenciales a quienes pueden ayudar y enseñar. Ellos enfocan las nuevas relaciones con esta pregunta en mente: "¿Cómo puedo ayudar a esta persona?"

Tal como mencioné antes, los ángeles encarnados a menudo se enamoran de adictos y tratan de ayudarlos. En las amistades, a menudo asumen el papel de consejeros. Por ejemplo, los ángeles encarnados pueden escuchar por horas los problemas de sus amigos. Cuando tratan de hablar sobre sus propios asuntos, de repente sus amigos terminan la conversación. Este es otro caso en el cual las vidas de los ángeles encarnados pueden estar desequilibradas en cuanto al dar y al recibir. ¿Quién escucha *sus* tristezas?

Según afirmé antes, los ángeles encarnados pueden ser "enviados" a las familias disfuncionales como sus ángeles guardianes, y por esa razón se sienten totalmente desconectados de sus familias natales, e incluso se preguntan si habrán sido adoptados, pues no tienen nada en común. Estas personas no se sienten como "familiares" de los ángeles encarnados, y en verdad, no lo son. Los familiares son almas extrañas a quienes los ángeles se hicieron voluntarios, para ayudarlos viniendo en forma de cuerpos humanos y viviendo con ellos.

Debido a esta tendencia a ver la bondad y el potencial en los demás, los ángeles encarnados a menudo permanecen en relaciones conflictivas. Continúan en estas relaciones mucho más tiempo del que lo haría una persona promedio.

Pamela, un ángel encarnado, describe el patrón de sus relaciones amorosas de la siguiente manera: "Atraigo hombres que tienen herido el corazón y que necesitan sanación. Me siento optimista respecto a que con mi amor lograrán sanarse, pero no ocurre así. Se me dificulta mucho terminar estas relaciones, y me toma mucho tiempo procesar el dolor y la separación."

Los ángeles encarnados a menudo se involucran rápidamente en relaciones; y poco tiempo después de la primera cita deciden "hacerse novios," casarse o comprometerse, o irse a vivir con la nueva pareja. Elizabeth, un ángel encarnado, dice: "Siempre formalizo mis relaciones con los hombres desde el principio, aunque haya cosas en ellos que no me gusten. Se me hace difícil salir con alguien sin que haya nada serio."

Puesto que los ángeles encarnados se lanzan hacia el matrimonio sin ver más allá, y también se casan por primera vez siendo muy jóvenes, pueden desarrollar una historia de varios matrimonios y relaciones maritales. Muchos ángeles encarnados entrevistados para este libro estaban en su tercer o cuarto matrimonio. Cada diez años, aproximadamente, cambiaban de pareja. Elizabeth Taylor es el clásico arquetipo de ángel encarnado.

A muchos ángeles encarnados les cuesta mucho terminar relaciones conflictivas con amantes, amigos o familiares abusivos. Al igual que los jugadores compulsivos, piensan que si siguen tratando, eventualmente la relación terminará valiendo la pena. Los ángeles encarnados viven según la Regla de Oro (*haz a los demás lo que deseas para ti),* y no desean abandonar a los demás porque temen ser abandonados. También se sienten renuentes a expresar con sinceridad sus necesidades y sus sentimientos. Por esta razón, los ángeles encarnados sufren en silencio en una relación, haciéndose daño a sí mismos debido a su infelicidad. Ahí es cuando el ángel encarnado deja o hace que se vaya la otra persona.

Los ángeles encarnados pueden también tener relaciones de amor y amistad que no son sanas ni equilibradas. Las amistades se basan en dar y recibir, aunque estos tipos de relaciones son por lo general unilaterales, siendo los ángeles encarnados los que siempre ayudan pero nunca los "ayudados." Se supone que los ángeles encarnados sean los fuertes en cualquier relación, y los "amigos" tienen el derecho a consejería, sanación y sesiones psíquicas ilimitadas y gratis.

Eventualmente, los ángeles encarnados terminan cansados de este tipo de "amistades" desequilibradas. Comprenden que sus "amigos" no tienen interés en ellos, excepto en lo que puedan ayudarlos. Los ángeles encarnados pueden sentirse atrapados en una red de culpa, pues creen que han abandonado a sus amigos necesitados. La "ley de atracción" también hace que pierdan interés en los amigos que no comparten sus creencias.

Es una gran ayuda para los ángeles encarnados recibir apoyo, especialmente de otros ángeles que los comprenden. Los grupos de los 12 pasos tales como: Al-Anon y Codependientes Anónimos, ofrecen un apoyo maravilloso a los ángeles encarnados que tratan de sanar sus relaciones. Los grupos de estudios de *Un curso de milagros* también son maravillosos para sanar la culpa. Los ángeles encarnados pueden probablemente hallarse en cualquier evento o lugar que tenga que ver con los ángeles, como, por ejemplo: seminarios, tiendas o grupos de estudios que estén estudiando textos relacionados con estos seres celestiales.

Cada relación es una "tarea," con el potencial para ambas parejas de aprender y crecer. Nadie es una víctima en una relación, todas han sido escogidas, ya sea conscientemente o a nivel del alma.

Nicole, un ángel encarnado, dice: "He tenido cuatro relaciones maritales. Todas han sido con hombres emocionalmente no disponibles y abusadores, infieles y drogadictos. Aunque mis amigos y mi familia pensaban que yo era una víctima, sabía que ellos no podían ver lo que yo veía en las almas de estos hombres. Sabía que de alguna manera, estaba ayudándoles a elevar su vibración.

"Mi última relación fue la más difícil y dolorosa. Un día miraba por la ventana y le dije a Dios que ya no podía permanecer en esta relación. En ese momento, escuché que los ángeles me decían: 'Sabemos que es doloroso; por favor quédate un poco más.' Me sentí totalmente amada, y tuve la fortaleza para terminar mi trabajo con ese hombre. Ahora estoy con un hombre amable que es mi alma gemela, y está en su camino espiritual. Él sabe que soy un Ángel en la Tierra, y me ama tal como soy."

¡Extienda sus alas y comience a volar!

Los ojos de un ángel encarnado están llenos de compasión y amor. Se hace evidente el reflejo del dolor, pero es más fuerte la mirada de amor divino. Los ángeles encarnados ven más allá de la superficie y ven el potencial en cada persona. En contraste, los ojos de un elemental encarnado reflejan travesura alegre y pura, y los ojos de los sabios tienen la mirada hechizante y distante de alguien que ha aprendido duras lecciones.

Los ángeles encarnados tienen las características físicas clásicas que los artistas han capturado al plasmar ángeles en sus obras. Lucen como verdaderos ángeles, ya sean hombres o mujeres. Sus rostros y sus temperamentos son dulces, las personas los llaman "ángel", sin darse cuenta de la profunda verdad de esa declaración. Como dice Pamela: "Muchas personas se me acercan y me dicen: 'Luces igual que un ángel,' o '¡Te ves tan angelical!' Con frecuencia esas personas ni siquiera están familiarizadas con mi trabajo, ni con mi amor por los ángeles." Muchas personas informan que han visto a través de la clarividencia grandes alas emplumadas extendiéndose por encima de los hombros de los ángeles encarnados, y una luz blanca brillante que emana de sus cuerpos.

Al igual que otros reinos de Ángeles en la Tierra, para los ángeles encarnados es importante dejar que su luz brille, incluso si temen hacer el ridículo o ser rechazados. Un ángel encarnado dice: "Hay una parte de mí que desea a veces replegar mis alas de ángel y esconder mi verdadera identidad. Esto se manifiesta algunas veces en que no realizo mi trabajo de sanación, o en que dejo pasar las fechas señaladas para promocionar mi práctica."

Sin embargo, cuando los ángeles encarnados extienden sus alas y vuelan, se contempla su impresionante belleza. Judi, un ángel encarnado ha comprendido la importancia de entregarle todos sus miedos a sus ángeles guardianes: "Ahora sé que definitivamente estoy en el camino correcto. Todos los deseos de mi corazón se manifiestan ante mí ahora que he entregado mi vida al servicio de los ángeles y me he liberado. Nada puede jamás ser arrebatado de mi vida. Mi propósito y mi camino jamás han sido tan claros ni tan gratificantes. ¡Sufrí por muchos años y ahora me siento como si flotara en las nubes todo el tiempo!"

El trabajo en la vida de los ángeles encarnados

Los ángeles encarnados a menudo se sienten atraídos por las profesiones de asistencia social, y son magníficos sanadores y consejeros (tradicionales y no tradicionales), maestros escolares y miembros de la industria viajera. La mayoría de los ángeles encarnados disfruta más del trabajo individual que del trabajo en grupo, o de las conferencias frente a grupos. Son muy adeptos a trabajar en grandes compañías, siempre y cuando el objetivo sea la ética del trabajo humanitario. Los ángeles encarnados se sienten miserables al tener que trabajar con jefes o empresas que no sean éticos.

Guía y sugerencias para los ángeles encarnados

Si usted es un ángel encarnado, su periodo en la Tierra será más pacífico y próspero si tiene en cuenta lo siguiente:

— **Blíndese con energía y luz, especialmente antes de ayudar a alguien.** Esto reduce su necesidad de comer demasiado con el fin de protegerse con una capa adicional de peso corporal.

— **Espere antes de decir que sí.** En vez de estar de acuerdo automáticamente con cada solicitud de ayuda que reciba, tómese el tiempo de meditar y pensar si es algo que en verdad forma parte de su misión y de los deseos de su corazón. Cuando alguien le pida algo, dígale: "Déjame pensarlo," o "Te diré más tarde lo que pienso." Las personas respetarán el hecho de que usted se tome el tiempo para cuidarse.

— **Reemplace el hábito de disculparse con afirmaciones positivas.** Los ángeles encarnados por lo general se disculpan cuando han hecho algo incorrecto. Este hábito se origina del deseo de mantener feliz a todo el mundo, incluso si significa echarse la culpa de todo.

Para impulsar su nivel de felicidad y el de los demás, use más bien palabras positivas. Adopte el hábito de hablar con palabras estimulantes cuando se refiera a usted, a los demás o a las situaciones.

— **Haga ejercicio cardiovascular.** Esto ayuda a manejar el estrés y el peso corporal y es importante para mantener sanos

los corazones de los ángeles
encarnados.

— **Mantenga el equilibrio entre
el dar y el recibir.** Asegúrese de
darse gusto con frecuencia.

— **Deje todas las reglas que
restringen su misión.** Advierta
si tiene "reglas" personales que
sigue sin cuestionarse: "Más me
vale que no tenga demasiado
éxito, si no la gente sentirá
envidia de mí y yo sufriré debido
a esta envidia." Cuestione las
reglas, haciendo preguntas tales
como: "¿Esta regla funciona *a
favor* o en contra de mi misión?"

— **Delegue.** Pida ayuda sin
disculparse.

— **Acepte el bien con alegría.**
Permita la asistencia, los regalos
y los cumplidos de parte de los
demás.

— **Juegue.** Deje que su niño
interno tenga mucho tiempo
para hacer travesuras, y sentirse
libre y creativo.

Capítulo tres

Elementales
encarnados

Este es uno de los grupos más fáciles de reconocer entre los reinos. Tal como los ángeles encarnados, los elementales encarnados lucen físicamente como sus homólogos: hadas, duendes, gnomos, animales y unicornios. Además de los ángeles guardianes que todos tenemos, este grupo tiene hadas como sus espíritus protectores.

Muy a menudo, los miembros de este grupo son pelirrojos (en tonos rojo intenso o rubio cobrizo), y de herencia o apariencia celta: de constitución robusta o con pecas en la piel.

¿Ángel o elemental?

Quizá usted se vio en el capítulo anterior como un ángel encarnado. Aun así, se identifica fuertemente con las descripciones de los elementales. Si está confuso respecto a si es un ángel encarnado o un elemental, aquí vemos cuatro preguntas que puede hacerse para distinguir los dos reinos:

1. **¿Cómo me siento respecto a seguir reglas?** Si usted es un ángel encarnado, por lo general obedece reglas y se enoja cuando alguien las rompe. Sin embargo, si es un elemental encarnado, no soporta las reglas, y piensa que las personas que las siguen son débiles.

2. **¿Mis ojos reflejan travesura?** Los elementales son seres

amorosos y divertidos, a menudo bromistas prácticos, y siempre buscan la manera de reírse; ocurre lo contrario con los ángeles encarnados quienes tienden a ser serios y corteses. En caso de cuestionarse si es un ángel o un elemental, pregúntele a un amigo cercano si cuando las personas se fijan en usted, dicen: "problemas a la vista". Esta es una característica única de los elementales. (Si vacila entre "pícaro y simpático", entonces podría ser un ser marino, híbrido mezcla de ángel y elemental, según lo presentamos en el capítulo 6.)

> *Cuando miras a los ojos de un elemental encarnado, ves resplandores de picardía o jovialidad.*

3. **¿Qué tipo de alas tengo?** Los ángeles tienen alas emplumadas, mientras que los elementales las tienen como de mariposa o libélula. Las alas son etéreas, no físicas.

    Para determinar su tipo de alas, consulte a un clarividente, o busque sentirlas e identificarlas en su interior. Enfóquese en su omóplato y sienta o vea (con sus ojos mentales) si sus alas son grandes, con plumas, como las de un cisne; o más bien se agitan rápidamente y son hermosas como las alas de una mariposa o de una libélula.

78

También advierta su tipo de cuerpo: los elementales encarnados tienen cuerpos delgados, su metabolismo es rápido y su sistema nervioso es sensible, mientras que los ángeles encarnados tienen cuerpos voluptuosos, su metabolismo es lento y su personalidad es tierna. Las excepciones son los seres marinos: híbridos voluptuosos mezcla de ángel y elemental, de los cuales hablaremos en el capítulo 6.

4. **¿Cuál es mi relación con las adicciones?** La mayoría de los ángeles encarnados son codependientes, mientras que los elementales son adictos. Los elementales adoran ir

de fiestas; ¡a los ángeles les encanta rescatar a los demás! La excepción es que muchos ángeles encarnados son adictos a la comida.

5. **¿Cuál es mi actitud?** Los elementales tienden a tener personalidades fogosas y apasionadas, mientras que los ángeles encarnados son pacientes y calmados (o por lo menos lucen así ante los demás).

Otras características distintivas

Algunas veces los elementales encarnados se sienten inseguros respecto a si no será más bien que pertenecen al reino de los sabios. Esto ocurre porque los elementales tienen historias y relaciones antiguas con magos, brujos y hechiceros. Por esa razón, los sabios se sienten muy familiares con los elementales encarnados. Después de todo, los elementales estaban presentes cuando quemaron a las brujas en la hoguera, y pueden tener dolores residuales de esa época, aunque no hayan sido ellos quienes hayan muerto así. Recuerdan las muertes en la hoguera, y confunden estos recuerdos con los propios. La diferencia primordial es que los elementales son mucho más juguetones que los sabios, quienes tienden a ser extremadamente serios, e incluso sombríos o adustos.

De hecho, los elementales encarnados a veces se meten en problemas debido a su excéntrico sentido del humor. Sus bromas pueden ser inapropiadas para el momento, ofensivas, subidas de tono o estar fuera de lugar. Pero una de las misiones de los elementales encarnados es aliviar el mundo, hacer que la gente sonría y ría, incluso si es a sus expensas.

En el dominio espiritual de los elementales, las hadas, los duendes y otros entre ellos, realizan fiestas nocturnas en donde hay baile, canto, se narran historias y se ríen mucho. ¡Conocen el valor espiritual de la alegría y el gozo! No es sorprendente entonces que su equivalente humano también sepa cómo divertirse. Los elementales encarnados a menudo son animadores profesionales, incluyendo actores, comediantes, bailarines y músicos. Algunos ejemplos son los actores: Carol Burnett, Ellen DeGeneres, Eddie Murphy, Robin Williams y Red Skelton; la actriz Julia Roberts, y la mujer de sociedad, Paris Hilton.

Las relaciones en la vida de los elementales encarnados

Los elementales se cansaron del ataque de los seres humanos sobre la naturaleza, los animales y el medio ambiente. No lograron hacer avances como seres espirituales diminutos, y por esta razón eligieron asumir vidas y cuerpos humanos para tener más poder y participación en la purificación del aire, el agua y el suelo del planeta, y para ayudar a los animales.

La verdad sea dicha: los elementales prefieren la compañía de animales o plantas que la de personas. Sienten ira hacia la raza humana por hacerle daño al planeta. Se dice que los elementales espirituales son bromistas empedernidos, pero solamente son traviesos con los humanos que demuestran irrespeto hacia el medio ambiente. Por otro lado, les encanta ayudar a los humanos a reciclar, a usar productos de limpieza inofensivos para el planeta, a tratar a los animales con gentileza, y a respetar a la Madre Naturaleza. Algunas de las bromas prácticas de los elementales son pasivoagresivas, lo cual se deriva de la falta de respeto de los humanos hacia el desperdicio.

En sus relaciones, las parejas románticas se sienten atraídas hacia los elementales encarnados debido a sus talentos para la comedia, la música y el arte. Pero cuando la relación comienza, los elementales encarnados pueden ser acusados de: "malcriados", "inmaduros," "esquivos" o "tercos." Exhiben las mismas características de personalidad que los duendecillos, las hadas, los gnomos y similares. En el dominio de los elementales, son a menudo coquetos y promiscuos. Los elementales encarnados pueden igualmente exhibir estas características en sus relaciones.

Los elementales son mucho menos orientados hacia la compañía de la gente que los ángeles encarnados. Les gusta asociarse con otros para festejar, pero luego prefieren estar solos. También tienden al abuso de sustancias y a las adicciones. En esencia, es por esta razón que mientras los ángeles encarnados se casan con adictos, los elementales encarnados *son* adictos.

Muchos elementales encarnados están en profesiones que involucran a otras personas, pero por lo general lo hacen porque sienten un "llamado" a hacerlo. Tal como el *hobbit* Frodo en el libro y la película *El señor de los anillos,* los elementales encarnados son héroes renuentes que ayudan a la gente porque *tienen* que hacerlo, no necesariamente porque *deseen* hacerlo.

Ellos necesitan mucho espacio y tiempo para estar solos, especialmente en la naturaleza. Los elementales pueden ser tímidos y muy privados, sin embargo, pueden ser extrovertidos en las reuniones sociales. Parecen ser muy abiertos respecto a sus vidas privadas, pero hay una especie de cautela que evita que revelen sus secretos más íntimos a menos que confíen totalmente en alguien, y eso es muy raro que ocurra. Pueden tener ciertas normas en su relación con las personas, al decirles con firmeza: "fuera de mi vida". En otras palabras, cuando los elementales encarnados terminan una relación, de *verdad* la terminan.

Los elementales encarnados han aprendido a dejarle saber a los demás cuando no desean que los molesten. Evie habla por muchos elementales cuando dice: "Personas extrañas solían acercarse a mí para contarme sus conflictos, pero con los años los fui alejando cuando sentí que empezaban a agobiarme con sus problemas. Los elementales encarnados actúan como payasos cuando se sienten cómodos, especialmente al estar rodeados de otros elementales encarnados divertidos. En las familias disfuncionales, pueden asumir el rol de la "mascota," ayudando a animar a la familia y a sentirse mejor respecto a ellos mismos. Sin embargo, los elementales encarnados son también sensibles a la desaprobación; y pueden volverse introvertidos, tímidos, y a veces solitarios cuando se sienten socialmente "inseguros." A menudo se vuelcan en las drogas o el alcohol para sentirse cómodos en situaciones sociales.

Comparados con los otros reinos de Ángeles en la Tierra, los elementales encarnados tienen un excelente físico, con muy pocos problemas de salud, quizá porque están más predispuestos a pasar tiempo en la naturaleza, caminando y haciendo ejercicio a pleno aire libre. O quizá el optimismo propio de los elementales minimiza o niega las preocupaciones sobre la salud. El único patrón de salud destacable en las encuestas sometidas a los elementales encarnados fue el de una alta frecuencia de depresión, y varios dijeron haber tenido historias de asma infantil. Esto corresponde con los informes que dicen que las hadas son sensibles a los químicos transmitidos por el aire, por lo tanto deben evitar los pesticidas en sus jardines y alimentos. También puede ser causado por claustrofobia al pasar demasiado tiempo en interiores, puesto que el alma de un elemental necesita grandes dosis de aire fresco.

Manifestación y magia

Los elementales espirituales saben cómo manifestar todas sus necesidades. Esta es una razón por la cual realizan sus tareas con alegría, como cuando cuidan de las flores. Saben que no es necesario el trabajo arduo para crear resultados satisfactorios, pues la intención y la sinceridad son más importantes.

Los elementales encarnados a menudo evaden el trabajo arduo, y pueden ser percibidos como haraganes que disfrutan más de las reuniones sociales que del trabajo. Ellos recuerdan inconscientemente otras vidas en el dominio espiritual elemental, en donde podían satisfacer sus necesidades materiales así de la nada (comida, ropa, oro, vivienda y similares).

Como resultado, muchos elementales encarnados se sienten fuera de lugar en el mundo laboral moderno de los seres humanos, y comienzan a manifestar síntomas de pobreza material. Los elementales encarnados que he conocido parecen poder crear un festín o una hambruna. Pocas veces he encontrado elementales encarnados que hayan logrado seguridad financiera, a menos que estén trabajando conscientemente en un proceso de manifestación, tal como el señalado en *The Abundance Book (El libro de la abundancia)* de John Randolph Price (Hay House). ¡Luego comienza la magia! Los elementales —al igual que el dominio de los sabios— poseen habilidades de manifestaciones mágicas. Cuando son explotadas, estas habilidades especiales pueden doblegar las leyes físicas y temporales, y crear rápidamente manifestaciones y milagros.

Los elementales encarnados tienen hadas, duendes o leprechauns como guías espirituales; y pueden invocar a estos asistentes benevolentes solamente pensando: *¡Por favor, ayúdenme!*

Los elementales y la naturaleza

Los elementales encarnados son verdaderamente personas de la tierra y del espíritu de la tierra. Tienen grandes dificultades si deben estar encerrados por mucho tiempo. Mientras los ángeles encarnados se sienten cómodos trabajando en grandes edificios sin ventanas, para un elemental encarnado, sería devastador. Ellos *deben* estar el aire libre o se deprimen. Los elementales más felices son aquellos que realizan trabajos en la naturaleza: guías de caminatas o retiros al aire libre, empleos en viveros, guardabosques, jardinería, o personas que se ocupan de sacar perros a pasear, entre otros.

Cuando los elementales encarnados trabajan en interiores, deben solicitar una oficina que tenga una ventana que dé hacia un estacionamiento o a un área cubierta de pasto. De igual manera, los elementales son más felices en oficinas que están llenas de plantas en macetas, cristales y flores. También disfrutan cuando escuchan sonidos de la naturaleza: el canto de los pájaros, el oleaje del mar, la lluvia y similares. Además, sus oficinas deberían exhibir fotos de sus mascotas favoritas, y estatuas de hadas y duendes. La aromaterapia con aceites esenciales genuinos (no sintéticos) de plantas y flores, también ayuda a los elementales a permanecer conectados con la Madre Tierra cuando están bajo techo. (Estos aceites están disponibles en la mayoría de las tiendas de salud o en las librerías de productos metafísicos.)

Durante los momentos de descanso del trabajo, caminar al aire libre es para los elementales encarnados una actividad maravillosa aunque el clima sea inclemente. Los elementales necesitan más aire fresco que cualquier otro de los reinos. Los que trabajan en áreas industriales desprovistas de zonas verdes pueden pasar un tiempo mirando las nubes, pues necesitan el contacto visual con la belleza de nuestra extraordinaria naturaleza. Para ellos estar en contacto con la naturaleza es como su iglesia; es donde se sienten más cerca de Dios.

Un elemental encarnado que se llama C.C. dice: "Me siento lleno de energía y frescura en cualquier lugar poblado de árboles o cercano al agua. Me siento bajo un árbol y puedo sentir la buena energía de la tierra que pasa a través de mi chacra de la raíz. Me siento más seguro cuando puedo verdaderamente confiar en mí mismo sin interrupciones, excepto por el suave roce de la brisa o el sonido de los pájaros entonando sus melodías. El aroma del bosque parece empoderarme, y me hace sentir una embriaguez natural. Cuando estoy ahí, siento que puedo conquistarlo todo. Es la máxima comunión con la naturaleza. Siento la sanación a través de la calidez del sol. Es algo muy especial, y un verdadero privilegio que la naturaleza comparta conmigo su caudal de conocimientos. Logro olvidarme de todas las cosas mundanas de la vida diaria. Puedo reagruparme y centrarme de nuevo. Esto no es posible en un área poblada, ni siquiera en el jardín sagrado que tengo en mi casa. No es igual."

La mayoría de los elementales encarnados entrevistados podían señalar ambientes naturales específicos en donde deseaban vivir, mientras que otros reinos eran más flexibles con relación al tipo de área en donde residían. Casi todos los elementales encarnados señalaban: "*Tengo* que vivir en el desierto," "*Debo* estar cerca del mar," "*Necesito* vivir en el campo," y así por el estilo.

Como mencioné con anterioridad, los elementales encarnados prefieren la compañía de animales, plantas, flores o la naturaleza que la de otras personas. Una elemental encarnada recuerda de su infancia: "Era un hecho el que yo jamás fui una niña popular. Me encantaban la naturaleza y los animales y todavía sigue siendo así. Pasaba el tiempo jugando bajo los 17 abetos que rodeaban nuestra propiedad. Incluso los contaba cada día para asegurarme de que seguían ahí. Prefería los juegos en la naturaleza. Me fascinaba el sonido de los arroyos y saltar de piedra en piedra."

En lo más profundo de su ser, los elementales sienten ira hacia la gente por haber sido tan crueles con el planeta, y tan pasivos respecto a su limpieza. La excepción es cuando encuentran un compañero comprensivo y jovial, a menudo en la forma de otro elemental encarnado.

Ya que los elementales deciden encarnar para ejercer más poder en la ayuda de los reinos natural, mineral y animal, el propósito de sus vidas casi siempre envuelve el ambientalismo o los derechos de los animales. Esto podría significar la enseñanza de estos valores, o involucrarse directamente en campañas, investigaciones, cuidados o limpieza del planeta.

De hecho, es importante para los elementales encarnados involucrarse en alguna causa u ocupación ambientalista o de derechos de los animales para sentir que sus vidas tienen sentido. Adicionalmente, los elementales se sienten mejor si toman pasos personales hacia la mejora del ambiente, tales como reciclar y usar productos de limpieza que no sean nocivos para la Tierra, los cuales se consiguen en tiendas de productos naturales.

Cuando le pregunté a una elemental encarnada cuál consideraba que era su propósito en la vida, su respuesta reflejaba el propósito de muchos elementales que he conocido y entrevistado: "Mi misión es enseñarle a las personas a proteger el planeta y a las criaturas que moran en él. Veo que los problemas causados a la Tierra son debido a la codicia y a la arrogancia del hombre. Debemos hacer lo posible para salvar a las plantas y a los animales antes de que sea muy tarde. Se ha perdido demasiado. Hay demasiadas especies en extinción. Muchos de nuestros congéneres están a punto de extinguirse debido a que el hombre se cree mejor que las demás criaturas. Si continuamos excavando y construyendo, desperdiciando y exterminando, las siguientes generaciones no nos agradecerán la tierra yerma que dejaremos."

Todos los reinos de Ángeles en la Tierra demuestran altos niveles de creatividad. Es lógico entonces que los elementales encarnados plasmen objetos artísticos de la naturaleza. Un hada encarnada me dijo: "Me encanta usar flores, hojas, conos de pinos, nueces y flores secas para hacer decoraciones y adornos. Desde que era niña, diseñaba habitaciones y muebles para exteriores en miniatura para la gente pequeña."

Protectores encarnizados de la naturaleza

Puesto que los elementales son los ángeles divinos de la naturaleza, no es nada sorprendente que los elementales encarnados se vuelvan casi protectores maniáticos de los animales, las plantas, la tierra y el agua. Muchos de los elementales encarnados entrevistados para este libro me dijeron que habían arriesgado su seguridad, o provocado represalias con el fin de proteger a los animales, los árboles u otros elementos de la naturaleza:

E.J. escribe: "Me causa enojo cuando la gente irrespeta a la Madre Tierra y a sus criaturas. Mientras conduzco si uno de mis amigos tira un cigarrillo por la ventana, me detengo y le pido que recoja su colilla y la deseche de manera correcta."

Devon (no es su nombre real) nos cuenta: "Estaba sentada en mi preciosa oficina un día soleado, mientras observaba desde mi gran ventanal los hermosos arboles, arbustos y colinas ondulantes tras el estacionamiento, cuando noté que llegaba una camioneta extraña. Un hombre que no trabajaba en nuestro edificio se había detenido allí para almorzar. Pero ése no fue el problema."

"El problema *fue* cuando lo vi tirar un vaso de plástico en un arbusto lleno de flores que estaba cerca de su camioneta. Tan pronto lo vi, algún tipo de ira primaria me asaltó (normalmente soy una persona calmada, callada y tranquila). Agarré una compañera de trabajo y grité: '¡Acompáñame fuera!' Supongo que deseaba apoyo moral para lo que estaba a punto de hacer."

"Corrí gritando hacia la camioneta del hombre: '¿Qué tipo de persona es usted que puede tirar basura en un arbusto?' Me miró con burla. Corrí hasta la cuesta cubierta de matorrales (con mis piernas desnudas) y recuperé el vaso, raspándome las piernas en el camino. En un momento de ira irrefrenable, tiré el vaso en la ventana abierta de su camioneta y le grité que se fuera de inmediato o llamaría a la policía. Se fue chillando e insultándome."

"Mi colega me miró atónita, pues jamás me había visto actuar así en los cinco años que me conocía. Me dijo: '¡Qué locura! Ese hombre había podido tener un arma y haberte disparado.'"

"Comprendí que tenía razón, pero no me importaba. No podía permitir que ese arbusto en flor que era mi amigo, fuera maltratado así mientras yo fuera testigo."

Pamela relata: "Cuando tenía unos diecinueve años, comprendí que la naturaleza y yo éramos una sola. En una ocasión, rocié con líquido limpiador de ventanas a una abeja que había quedado atrapada al borde de una ventana, y de repente me impactó esta idea: *¿Qué derecho tengo yo de* *matarla?* Tomé de inmediato la abeja y la llevé al frente de la casa, la coloqué sobre la tierra y la enjuagué con agua limpia. Mi madre pensó que me había vuelto loca, inclinada reverentemente frente a una abeja muerta tratando de resucitarla. A partir de ese momento, jamás en mi vida volví a matar un insecto. Hace poco barrí un hormiguero en mi apartamento hasta que lo saqué. Luego les pedí amablemente a las hormigas que no regresaran. Una semana después no habían vuelto."

Los distintos tipos de elementales

Como dije con anterioridad, los elementales encarnados lucen tal cual sus homólogos en el mundo espiritual de los elementales. Son versiones grandes de hadas, duendecillos, leprechauns y demás.

A continuación vemos algunos tipos de elementales:

— **Hadas:** Jenny mide un metro cincuenta de estatura, tiene una figura delgada, un rostro gracioso y grandes ojos. Su cabello largo y ondulado cae sobre su espalda. Todo en ella grita: "¡Hada!" Luce como el modelo ideal para pinturas y estatuas de hadas. Además es dulce, modesta y tímida, igual que un hada. De hecho, Jenny está tan conectada con el reino de las hadas que realiza sesiones profesionales de lecturas de ángeles y hadas, usando con frecuencia mis *Cartas del Oráculo de Sanación con las Hadas.* Ella les aconseja a sus clientes que pasen más tiempo en la naturaleza para recargar sus energías, y añade: "Recuerden invocar continuamente a los ángeles y a las hadas para que los ayuden en todos los aspectos de su vida y su misión. Asimismo, tómense la vida más a la ligera, ¡no sean tan serios! Pídanle a las hadas que los ayuden a añadir encanto y magia a sus experiencias diarias y a su vida en general.'"

— **Duendecillos traviesos, elfos y duendecillos bondadosos:** Evie es cantante y compositora profesional. Posee nariz aguileña y cabello corto. Ella afirma: "La gente me dice que parezco un duendecillo travieso. Mis apodos cuando era niña eran: 'Campanita,' 'Centellita' y 'Chiquitita.' Cuando termino de cantar las personas siempre vienen a decirme que parezco un duendecillo travieso. Creo que debo serlo."

— **Unicornios:** Brian (no es su nombre real) tiene la quijada pronunciada, mejillas salientes, ojos grandes y un rostro cincelado como un caballo árabe. Simulando la melena de un unicornio, Brian se viste con camisas largas y vaporosas sueltas sobre sus pantalones, y prefiere dejarse el cabello largo. Si uno lo mira de cerca, puede ver o sentir un cuerno de unicornio hermosamente trenzado que sobresale de su frente. En sesiones psíquicas, los clarividentes le han dicho a Brian que sus guías espirituales son unicornios. Esto no lo sorprende puesto que él siempre ha sentido una asociación con este magnífico animal. De hecho, Brian posee muchos objetos que exhiben imágenes de unicornios que manifiestan mágicamente nuevas puertas que se abren ante sí. Brian dice que sabe que es un unicornio encarnado. Este mensaje le fue dado por sus propios guías y ángeles desde hace mucho tiempo.

— **Animales encarnados:** Bárbara se considera a sí misma un "gato encarnado." Nos dice: "Siento mucha camaradería con los gatos y las plantas, y mi cabello ha sido de un color sexy plateado desde que tenía veinte años. Estoy rodeada de gatos mascotas, y me comunico con los felinos y con las plantas de una manera extraordinaria. No me *gusta* mucho la gente, pero ayudo siempre y cuando no infrinjan mi espacio privado y tranquilo. Siempre he sido un gato. Adoro los gatos y creo que si la energía del Universo tiene algún tipo de forma, sería la forma maravillosa de un gato. Como gato, soy capaz de predecir si una persona va a actuar de manera malvada, quizá no sepa qué puede exactamente hacer esa persona, pero siento a primera vista si tiene buenas o malas intenciones. Deseo decirle al mundo que debemos respetarnos mutuamente, a los animales, y especialmente a nuestra Madre Tierra: al ambiente."

— **Cristales encarnados:** No debe confundirse con los "niños cristal," los

105

cuales son jóvenes altamente sensibles y psíquicos, los cristales encarnados son almas que han habitado previamente la energía de cristales, peñascos y otros elementos minerales de la Tierra. Los cristales encarnados se sienten muy conectados a la Madre Tierra, a las rocas y a los cristales. Les encanta escalar montañas y pasar el tiempo al aire libre, y son muy protectores de las rocas y de los suelos.

El trabajo en la vida de los elementales encarnados

A los elementales encarnados les va bien en las carreras artísticas o relacionadas con los medios de comunicación, incluyendo la música y el mundo del cine, la comedia, la escritura, el baile y el yoga. Como tienden a ser optimistas y a manifestar en formas maravillosas, también son poderosos y motivadores conferencistas. A los elementales encarnados les encanta tener audiencias y enseñar a grupos de personas. También les gustan los trabajos relacionados con la naturaleza, tales como: cuidar o atender mascotas, trabajos de jardinería y flores; conservación y silvicultura.

Guías y sugerencias para los elementales encarnados

— **Pase mucho tiempo en la naturaleza.** Tal como he enfatizado en repetidas ocasiones en este capítulo, es esencial para los elementales encarnados que pasen mucho tiempo al aire libre, sin importar el clima. Si usted piensa que este es su reino, quítese los zapatos y las medias y camine sobre el prado o

REINOS de los ÁNGELES en la TIERRA

sobre la tierra todos los días para enraizarse y conectarse con la tierra.

— **Ríase y juegue.** Los elementales que no juegan a menudo se deprimen. Busque maneras de actuar de manera infantil, de divertirse y de reír a diario.

— **Manifieste conscientemente.** Véase como un ser sano, realizado, abundante y amado. Invoque a su contraparte en el dominio de los elementales espirituales para que lo ayuden a manifestar sus deseos.

— **No se enfurezca.** El temperamento de los elementales es legendario, y los elementales encarnados no son la excepción. Cuando tenga un ataque de cólera, tenga cuidado, pues está literalmente enviando ¡bolas de fuego de emociones hirvientes! Estas bolas de fuego pueden causarle daño emocional o físico al objeto de su ira. Su poder es como el de un volcán cuando hace erupción, así es que tenga mucho cuidado. Además, la energía puede devolverse y causarle efectos dolorosos. Si encuentra que ha lanzado bolas de fuego inadvertidamente, extinga su poder de inmediato invocando la ayuda de los elementales espirituales.

— **Desintoxíquese.** Usted puede manifestar de manera más efectiva con la energía más elevada y estable de la sobriedad. También se sentirá más feliz y más sano con un cuerpo y una mente desintoxicados.

— **Involúcrese en el ambientalismo.** Ofrezca su tiempo o done dinero a las instituciones de caridad que se ocupen de la limpieza de la tierra o de ayudar a los animales. Recicle religiosamente, y gaste dinero adicional en productos de limpieza que no sean nocivos para el ambiente.

Capítulo cuatro

Seres estelares

*L*as películas de Hollywood y los libros sensacionalistas personifican a los extraterrestres como crueles belicistas. Sin embargo, para los extraterrestres, los terrícolas son los violentos, tan violentos, de hecho, que muchos extraterrestres han pedido asumir forma humana para intentar evitar la destrucción masiva de la Tierra. Llamamos a estos seres benevolentes *seres estelares* (o en singular, *ser estelar*).

Agradecemos a Dios por los seres estelares quienes provienen de galaxias físicas y no físicas, y asumieron la vida terrenal para extender bondad "según la demanda". Su bondad colectiva ayuda a difuminar la ira, el estrés y la cólera que pueden conllevarnos a una guerra nuclear. Si la Tierra es destruida, los efectos negativos repercutirán hasta varias galaxias. La tarea de un ser estelar, es prevenir la guerra nuclear a cualquier costo. La forma principal de lograr este noble propósito es a través de la expresión de la bondad y la decencia común hacia los demás, como una especie de efecto dominó.

En un día cualquiera, los seres estelares sonríen calmadamente mientras realizan obras generosas beneficiando a todos aquellos en su camino. Las personas que reciben su ayuda apenas si los advierten, no obstante, los seres estelares no realizan actos de servicio para recibir ningún tipo de reconocimiento. Tales obras son una necesidad innata en ellos, somo si una programación interna los impulsara a actuar. A ellos no les preocupa que se les agradezca.

Los seres estelares están en los lugares donde se requiera la bondad. Son cajeros de supermercados, empleados de la oficina de correos, cajeros de bancos y representantes de servicio al cliente. Con su aire y personalidad tímidos, los seres estelares prefieren permanecer "tras bambalinas." Su misión no exige gran visibilidad. Muy al contrario: los seres estelares son "buenas personas encubiertas" que esperan que nadie las advierta.

Esta es la primera vida en la Tierra para muchos seres estelares. Y ante el hecho de que este planeta es tan violento, tanto en lo físico como en lo emocional, los seres estelares se sienten a menudo abrumados y desean regresar a su hogar. Después de todo, la Tierra es uno de los planetas más turbulentos del Universo, y de hecho, los poderes universales nos han puesto en cuarentena para no perjudicar a otros planetas. La Tierra es considerada tan peligrosa como un adolescente bajo el efecto de esteroides esgrimiendo un arma cargada.

En vista de que la mayoría de las personas se disgustaría ante la idea de recibir intervención de los extraterrestres, sin importar lo bondadosos que puedan ser, estos seres, poderosos y amables, asumen forma humana y se mezclan con nosotros. En su interior, son iguales a todos los demás: hermosas chispas de luz divina emanando del mismo Creador. Sin embargo, puesto que han pasado sus vidas en lugares no terrestres, los seres estelares pueden parecer excéntricos tanto en su conducta como en su aspecto.

Torpes en sociedad, debido a su falta de experiencia con la vida en la Tierra, los seres estelares pueden sentirse rechazados por los demás. Muchos de los seres estelares entrevistados para este libro, informan que han sido objeto de todo tipo de bromas malvadas en su infancia, y algunas veces incluso en la vida adulta.

Estas experiencias hacen que sientan nostalgia por un planeta en donde sí se sienten adaptados y en donde conocen las reglas sociales. Linda, un ser estelar, relata: "Cuando era adolescente, solía sentarme en el jardín al frente de mi casa y pedirle a un OVNI que viniera por mí, que me llevara a casa."

En el mismo contexto, Scott, un ser estelar, nos dice: "Metafóricamente, toda mi vida he tenido mis maletas hechas y he estado listo para irme a casa. Prefiero trabajar para el más allá como un guía. Puedo recordar haber estado en otro planeta antes de venir aquí, y antes de que me pidieran participar en el drama actual de este planeta."

Los seres estelares a menudo poseen características físicas que son distintivas. En muy pocas ocasiones tienen un tamaño promedio, la mayoría de los seres estelares masculinos son altos y delgados, mientras que los seres estelares femeninos son bajos de estatura, y sus cuerpos pueden ser delgados o corpulentos. Por supuesto, hay excepciones, pero en general los cuerpos de los seres estelares, al igual que sus vidas, están fuera de la norma tanto en el peso como en la estatura.

Los rostros de los seres estelares pueden ser largos y delgados, especialmente si sus cuerpos son delgados y altos. Los seres estelares pequeños tienen rostros más redondos. Parece ser que su planeta de origen puede influir sobre sus características físicas específicas.

Los seres estelares tienen ojos poco usuales, tales como un color de iris exótico, o excepcional forma de ojos y de párpados.

En lo global, los seres estelares tienen ojos en forma de luna creciente, como una U invertida. Sus ojos son a menudo grises, verdes o negros pardos, y parecen brillar desde el interior, como si tuvieran luces tras ellos. Los seres estelares pueden también tener aros de un color más claro alrededor de sus pupilas.

Los seres estelares no tratan de llamar la atención, por eso se visten de manera práctica y cómoda, en vez de seguir la moda o ser llamativos. Los seres estelares femeninos usan muy poco maquillaje y nos les gusta lidiar con sus cabellos. Incluso un ser estelar que es peluquera profesional, me dijo que no le gustaba pasar mucho tiempo ¡arreglándose ni pintándose su propio cabello!

Los seres estelares tienen personalidades paradójicas: por un lado, están dispuestos a ayudar a las personas sin que se lo pidan, sin embargo, son discretos, se mantienen distantes y pueden ser percibidos como personas "frías." Están aquí para ayudar, sin que sea necesario involucrarse profundamente en el proceso de los sentimientos y las emociones, los cuales son extraños para ellos. Terminar sus tareas es más importante que desarrollar relaciones.

A los seres estelares les encanta la tecnología, y son los primeros en poseer (o inventar) los últimos dispositivos. Coleccionan los equipos móviles más ultramodernos de correo electrónico y de celulares. Parte de su propósito colectivo como almas es fomentar el ingenio de la tecnología para el avance de la ciencia y de la humanidad.

De manera interesante, no hay muchos famosos entre los seres estelares debido a su gusto por permanecer tras bambalinas. Es más fácil que un ser estelar dirija una película a que actúe en ella. Sin embargo, se dice que Oprah Winfrey y Keanu

Reeves son seres estelares con propósitos elevados que están usando los medios de comunicación como un vehículo de enseñanza. Muchas personas piensan que la película *The Matrix*, protagonizada por Reeves, contiene un mensaje oportuno advirtiéndonos sobre la dependencia de la tecnología.

Muchos seres estelares se preguntan cuál será su propósito de vida y sienten alivio cuando descubren que se relaciona con ayudar a los demás sin un programa específico; en otras palabras, ayudar cada vez que sea necesario. No tienen un "trabajo" o "tarea" que tengan que realizar durante sus vidas, siempre y cuando estén haciendo lo posible por transformar los ceños fruncidos de los humanos en sonrisas.

Kath, un ser estelar, dice: "Me siento como si me hubieran colocado aquí para estar disponible y ayudar a cualquiera que me necesite. No pasa un día sin que alguien necesite mi ayuda de una manera u otra. Ha sido frustrante porque nunca he sentido como que tengo un 'verdadero propósito.'" Kath sintió alivio cuando descubrió que sus actos continuos de bondad y servicio, de hecho, *sí* representan su propósito.

Conexiones con el hogar

La mayoría de los seres estelares se sienten atraídos hacia los OVNIS, la vida en otros planetas, los viajes espaciales y los extraterrestres. A ellos les encanta la serie de televisión *Viaje a las estrellas* (tanto la versión antigua como la nueva), las obras de ciencia-ficción, y todo lo relacionado con estos temas y tópicos. Se relacionan totalmente con *K-Pax* y *Hombre mirando al sudeste*, dos películas sobre seres estelares en cuerpos humanos que fueron diagnosticados como neuróticos porque decían la verdad sobre sus orígenes no terrícolas siendo confinados en instituciones mentales.

Desde niños, los seres estelares descubren que tienen una comprensión intuitiva de la espiritualidad. Muchos de ellos esquivan las religiones tradicionales porque parecen demasiado limitantes comparadas con su comprensión de la vastedad del Espíritu. Terry, un ser estelar, dice: "Siempre he pensado que Dios es una Inteligencia Universal mucho mayor de lo que proclaman las iglesias convencionales." Esta sabiduría fue probablemente obtenida de muchas vidas de percepción y experiencia a un nivel muy elevado.

Muchos seres estelares recuerdan o creen haber estado en una nave espacial en esta vida. Varios de los seres estelares encuestados incluso conocían su planeta de origen. Por supuesto, esto no es algo que se conversa ante personas comunes. Recuerde que estas son personas muy ordinarias que saben que no son terrícolas. Son un vecino cualquiera, un colega o alguien ordinario, lo cual hace que leer sus historias sea todavía más fascinante. Aquí vemos algunas de ellas:

— **MaryKay:** "Usando visualizaciones guiadas, me llevaron a un viaje en donde encontré mi hogar. Jesucristo vino como mi guía. Fuimos al interior del planeta y de repente, estábamos en el cielo. Terminamos en una estrella muy brillante, tan brillante que nadie podía verla. Ahí sentí el amor que había buscado toda mi vida. Cuando pregunté en donde estaba, escuché de inmediato la palabra *Sirio*... y antes jamás había escuchado esa palabra ni esa estrella."

— **Linda:** "Siempre sentí que provenía de las Pléyades. Ni siquiera sé cómo se deletrea esa palabra. Y en cuanto a por qué sé que provengo de ese lugar, tampoco lo sé. Pero así lo siento."

— **Scott:** "Sé que pasé mi última vida en un planeta llamado Zerón. Hasta donde recuerdo, allá me ocupaba de los bosques. Tenía la cabeza muy grande y era muy alto. Era un planeta en donde uno iba a descansar y a relajarse entre lecciones. Era muy hermoso y verde, muy exuberante. Disfruté mucho mi tiempo allí."

Los seres que viven en otros planetas tienen una esperanza de vida mucho más larga que la de los terrícolas. Esto se debe a las diferencias fisiológicas de sus cuerpos. Además, ellos no pasan por el estrés, la polución y las dietas tóxicas que desgastan y acaban con los cuerpos en la

Tierra. De hecho, muchos extraterrestres tienen cuerpos no físicos en otros planetas, porque es lo mejor para su misión en ese momento. Pero la razón más importante de que los seres de otros planetas vivan más tiempo, es que cuanto más tiempo viva una persona, más puede aprender.

Entonces una vida en otro planeta puede equivaler a tres o cuatro vidas aquí en la Tierra. Esa es la razón por la cual los seres estelares deciden tener dos o más vidas terrenales durante su "asignación" aquí. Siguen siendo seres estelares porque la mayoría de su historia como almas ha transcurrido en suelos no terrícolas.

Cuando los seres estelares realizan regresiones a vidas pasadas, los recuerdos que tienen pueden no ser propios. La escritora y terapeuta de regresiones de vidas pasadas, Dolores Cannon, realizó este importante hallazgo cuando trabajaba con un cliente llamado Phil. Durante las regresiones, Phil recordó varias vidas terrenales. Luego recordó haber estado en un planeta bastante distinto a la Tierra.

A través de una serie de regresiones, Dolores descubrió que en realidad ésta era la primera vida de Phil en la Tierra. Sin embargo, él había "tomado prestado" los recuerdos de las vidas pasadas de una especie de biblioteca espiritual. Estos recuerdos prestados de otras vidas terrícolas habían ayudado a resguardarse y a ofrecerle alivio a Phil, mientras se adaptaba al ambiente agresivo y denso de la Tierra. Sin esos recuerdos de vidas pasadas, la violencia, la competencia y la avaricia habrían perturbado el sistema de Phil. Dolores escribe sobre Phil y sobre esta experiencia como ser estelar en su brillante obra *Keepers of the Garden (Guardianes del jardín)* (Ozark Mountain Publishing).

Aunque muchos seres estelares se sienten abandonados por sus planetas de origen, como si hubieran sido depositados aquí en la Tierra sin su aprobación, siguen sintiendo conexión con su hogar. Es común para los seres estelares tener extraterrestres como guías espirituales. También tienen cuerdas etéreas que los unen con naves espaciales. Y los seres estelares hacen viajes astrales con frecuencia hasta sus planetas de origen o sus naves espaciales durante sus ensoñaciones o en las jornadas de meditación.

Trabajo energético y sensibilidad

Todos los reinos de los Ángeles en la Tierra reportan sensibilidad extrema a la energía de multitudes, personas y lugares. Sin embargo, el dominio de los seres estelares es el más apto para estudiar la sanación energética y convertirla en una profesión. De hecho, es sorprendente ver cómo muchos seres estelares se ganan la vida usando sus manos, ya sea a través del trabajo energético o de ocupaciones tangibles tales como paisajismo, construcción, estilismo, arreglo de uñas, masajes y trabajos de fabricación en cadena.

El Reiki parece ser la primera opción de trabajo de sanación energética entre los seres estelares. Esto puede deberse a que la energía Reiki se originó de las Pléyades como un regalo a los terrícolas. Es interesante que la energía Reiki luce para un clarividente como delgadas bandas de rayas de los colores del arco iris, y así también lucen las auras de los seres estelares (las cuales son visibles en las fotografías del aura). Lucen como polos adheridos verticalmente en el cuerpo del ser estelar, como puntas sobresalientes.

Los seres estelares se sienten muy atraídos hacia los símbolos, códigos, jeroglíficos y hacia la geometría sagrada, por eso tiene sentido que adopten el Reiki, ya que estos métodos sanadores involucran símbolos codificados con diferentes energías de sanación.

Hacia el final de mis cursos de certificación de Practicantes de Terapia Angélica, los estudiantes se reúnen en grupos correspondientes a sus reinos respectivos de Ángeles en la Tierra. Enseguida pasan un tiempo con los miembros de los otros reinos, comparando notas sobre sus similitudes, y compartiendo en general con otras almas con sus mismas ideas. A menudo entrevisto a los miembros de los reinos para observar los patrones mutuos. En el transcurso de un curso reciente, absolutamente todas las personas del reino de los seres estelares ¡eran también maestros Reiki!

Terry, un ser estelar, explica: "Soy extremadamente sensible a la energía. Cuando practico el Reiki, siento el cambio de la energía, y mis manos se dirigen hacia donde deben hacerlo para liberar las energías negativas. Siento la energía como algo espeso, como si estuviera empujando goma."

Y Nancy, un ser estelar, dice: "Cuando hago trabajo de sanación, mis manos se calientan tremendamente. Puedo sentir el calor en un área problemática en la persona a la cual le estoy practicando la sanación."

Los seres estelares y las relaciones

Los seres estelares pueden tener padres que no sean seres estelares. Estos padres podrían ni siquiera pertenecer a ninguno de los reinos de los Ángeles en la Tierra. Como resultado de esto, la familia no es capaz de sentirse relacionada al niño estelar, y éste puede sentirse desconectado de su familia de nacimiento. Kathy, un ser estelar, relata: "Cuando era niña, me sentía constantemente sola y diferente, a pesar de que tenía cinco hermanos y hermanas."

De hecho, la mayoría de los planetas no tiene los sistemas de nacimiento y familias de la vida terrenal. En otras partes, es común que los seres sean concebidos en laboratorios, según procesos de "bebés probeta". El lazo emocional que ocurre en las familias aquí en la Tierra es desconocido también en otros planetas. Esta es una razón por la cual los seres estelares pueden ser percibidos como amistosos pero distantes. Son serviciales, pero puede haber un cierto grado de frialdad subyacente que es evidente si alguien intenta crear una unión profunda. Uno siente que nunca se conecta por completo con un ser estelar. Y no es sorprendente: los seres estelares se orientan hacia las tareas, no hacia las relaciones. Ellos tienen una misión que cumplir, y no se enfocan hacia la creación de relaciones como prioridad principal.

Scott, un ser estelar, dice: "Comprender que yo era un ser estelar, fue una validación que me ayudó a aceptar algunos de mis rasgos de más frialdad, y la distancia que a veces siento hacia los demás."

El ser estelar Terry también comprendió de igual manera: "Soy distinta en una manera que muchos no comprenden. Me siento como una extraña y como una solitaria. La mayor parte del tiempo, prefiero estar sola que con un grupo de personas y sus asuntos personales."

Compartir con otros seres estelares es una manera de sentirse aceptados. Linda dice: "Mi esposo es un ser estelar como yo, y por esta razón nos conectamos al cien por ciento."

El esposo de Linda es doce años menor que ella, y parece que muchos seres estelares mujeres tienen relaciones con hombres más jóvenes. Típicamente, los seres estelares femeninos dicen: "Sé que este hombre proviene de mi mismo planeta." Algunas veces esta diferencia de edad interfiere con la idea de construir una relación amorosa duradera. Parece que los seres estelares masculinos han llegado a la Tierra varios años después que los femeninos.

Cuando los seres estelares llegan a casarse, tienen pocos hijos. Muchos seres estelares evitan por completo tener hijos. Linda dice: "Tengo cincuenta años y me hice una histerectomía, o sea que no tendré hijos. Siempre supe que no tendría hijos, de hecho, no me importaba. Si mi esposo hubiera querido, no habría habido problema tampoco. Y si no quería, también estaba bien. Pero de alguna manera yo *sabía* que jamás concebiría." Terry dice que jamás ha estado interesada en lo que ella llama las "dinámicas familiares convencionales."

Los seres estelares a menudo pasan por cesáreas. Quizá porque en otros planetas es desconocido el parto vaginal, ya que los bebés son "engendrados" en laboratorios. De hecho, en muchos planetas, los habitantes son andróginos, sin claras distinciones de género. Los bebés extraterrestres no son creados usando los métodos de relaciones sexuales de la Tierra, ni los espermatozoides y óvulos, sino a través de una transferencia de energías y la intención de crear, un método que fue representado en la película *Cocoon*.

Los seres estelares pueden haber realizado un "contrato" de *no* casarse ni tener hijos mientras vivan en la Tierra. Es probable que no hayan tenido experiencias previas con familias y relaciones sentimentales y ¡ni siquiera ponen el matrimonio y los niños en sus contratos de vida terrenal! Tener una familia interfiere con la misión del ser estelar, y crea un karma que podría enzarzar a estos seres en ciclos y ciclos de reencarnación en la Tierra.

Además, esta puede ser la primera vida en la que un ser estelar tiene un género definido. La mujer podría sentirse incómoda en su cuerpo femenino, y el hombre podría sentirse como un torpe impostor que solo asume el papel de hombre. Sin embargo, los seres estelares llegan a la Tierra y ven a las parejas felices caminar tomados del brazo, y desean compartir esa experiencia. Algunos seres estelares logran manifestar un matrimonio y una familia, mientras que otros descubren que este tipo de unión los evade perpetuamente.

Lidiar con la vida en la Tierra

Tal como mencioné con anterioridad, los seres estelares son extremadamente sensibles a la violencia. Todos los reinos de los Ángeles en la Tierra reportan aversión hacia la violencia y los conflictos. Sin embargo, de entre todos los reinos, los seres estelares parecen ser los que más sienten repulsión hacia todo tipo de peleas. Linda dice: "No puedo tolerar la violencia en lo más mínimo. Ni siquiera soporto que las personas levanten la voz. A menudo me hace llorar que alguien me llame la atención." La mayoría de los seres estelares entrevistados me dijeron que no escuchan, que no ven ni leen las noticias porque los perturba demasiado.

Los seres estelares ven un final eventual a la violencia... si los hombres y las mujeres amantes de la paz toman una postura en forma de oración o de acción guiada. Mientras tanto, los seres estelares permanecen fieles en sus posiciones terrenales, como hombres y mujeres bondadosos en todas las situaciones. Sin embargo, muy en lo profundo, sienten nostalgia por la vida pacífica que una vez conocieron en un lugar muy lejano.

Los seres estelares que han aprendido cómo manejar la vida en la Tierra dicen que les ayuda a conectarse con otros de su reino. No son difíciles de distinguir si uno observa sus características físicas delatoras. O, es seguro que uno los encuentra cerca del océano. Todos los seres estelares encuestados dicen que para ellos es *obligatorio* vivir cerca del agua. Un alto porcentaje de los buzos que he conocido son seres estelares, quienes se escapan del diario vivir pasando tiempo bajo el agua.

MaryKay explica esta conexión entre los seres estelares y el agua: "Comprendí que necesito vivir cerca de una masa de agua para equilibrarme. Acudo ahí a sentir el poder de esta enorme masa de agua y de sus olas, y es como si recargara mis baterías." Y por supuesto, los seres estelares tienden a frecuentar las convenciones de OVNIS y los grupos de estudio de ciencia-ficción.

A continuación vemos otros comentarios de seres estelares:

— **Linda dice:** "Mi consejo para otros seres estelares como yo, es que está bien sentir que no pertenecen a la Tierra... porque así es. Solo siéntanse cómodos con este hecho. Ustedes son especiales porque vinieron aquí a asistir a este planeta a lograr la paz. Están aquí porque así lo han querido, para sanar la Tierra."

— **Y el consejo de Scott para los seres estelares es:** "Encuentren otras personas que compartan sus visiones, y mantengan la sonrisa ante toda la locura que los rodea. Enseñen tolerancia y paciencia, y especialmente amor, porque es lo único que importa. Y recuerden, ¡ésta es solamente una misión temporal!"

El trabajo en la vida de los seres estelares

Los seres estelares hacen muchas tareas a la vez y no se quedan con una sola carrera en particular en su misión de vida. Pueden, más bien, explorar superficialmente varias carreras consecutivas o simultáneas. Los seres estelares son maravillosos maestros Reiki, sanadores por medio de energía, masajistas, quiroprácticos y terapeutas físicos. También disfrutan las investigaciones, la ingeniería y los empleos de personal de apoyo. Sin embargo, los seres estelares deben creer en las metas de la compañía para la cual trabajan o se sentirán miserables en sus trabajos. Son amables, arduos trabajadores y eficientes, sin embargo, a menudo son percibidos como distantes o reservados. También prefieren estar tras bambalinas. No obstante, prefieren trabajar solos que ser portavoces o empleados de recepción.

Guías y sugerencias
para los seres estelares

— **Sepa que todo acto de bondad
cuenta.** Como ser estelar, usted
probablemente se preocupa por
el futuro de la Tierra, o si usted
estará haciendo lo "suficiente."
Se sentirá mejor recordando los
miles de actos de bondad, en
apariencia insignificantes, que
ha ido sumando hasta formar
una enorme contribución
hacia la creación de un planeta
pacífico.

— **Busque a otros seres estelares.**
Es esencial relacionarse con
otros seres similares. Si mantiene
la intención de conocer a
otros seres estelares, pronto los
atraerá con facilidad en su vida.

También puede encontrar a otros seres estelares en foros de discusión en el Internet y en los cuartos virtuales de charlas sobre temas de extraterrestres.

— **Aprecie su originalidad.** Sus inclinaciones naturales se oponen a las de muchos terrícolas. Su estándar de belleza se basa más en el interior que en el exterior, lo opuesto a muchos seres humanos. Sus prioridades están más orientadas hacia las tareas que hacia las relaciones. Por esas razones, ser estelar, por favor honre su originalidad, mantenga firme sus creencias y no modere sus capacidades en su intento por conformarse a los estándares.

Capítulo cinco

Sabios: hechiceras, altos sacerdotes, hechiceros, magos, chamanes y brujos reencarnados

*I*ntensos. Exóticos. Excéntricos. Los sabios brillan en su interior. Lucen como personajes de novelas rosa, por lo general llevan el cabello largo y sedoso, sus rostros son ovalados y tienen ojos hechizantes con ojeras que perduran todas sus vidas. Los Ángeles en la Tierra de este reino poseen una profunda sabiduría y son muy intuitivos. Sus ojos son penetrantes, y no vale la pena tratar de engañarlos ni mentirles pues la verdad se evidencia ante ellos. Excéntricos y flamantes, a los sabios les encanta vestirse con prendas sueltas que recuerdan las épocas románticas del pasado. Hay cierto elemento de misterio que acompaña a cada miembro de este reino. Es obvio, cuando uno se encuentra con la mirada de los sabios, que *ellos saben.*

Cuando miras a los ojos de un sabio, observas profunda sabiduría, conocimiento, y a menudo el dolor de haber sido testigos de la historia de la Tierra y de la humanidad. Puede ser que tengan bolsas u ojeras bien merecidas bajo sus ojos.

Los sabios son humanos con vidas pasadas en las cuales han aprendido a canalizar su poder en sanaciones y manifestaciones milagrosas, incluyendo la habilidad de afectar el clima y los objetos materiales (por medio de la levitación y

la telequinesis). Estos son los extremadamente poderosos magos de la raza humana, excelentemente entrenados y quienes
fueron llamados de su "retiro" del mundo
espiritual, con el fin de que regresaran a
la Tierra debido a la situación urgente del
planeta.

Su energía es más oscura y densa
que la de los demás reinos de Ángeles en
la Tierra. Los sabios tienen una energía
sombría, seria y casi deprimente, y a veces
son bastante severos. En las relaciones, son
muy obstinados pero de forma favorable a
la relación. Son las "mamás sabelotodo" y
los directores de sus amigos y familiares,
siembre saben la mejor acción a tomar.
Si alguien desea un consejo sólido, debe
preguntarle a un sabio.

Mientras que los demás reinos son
humanos por primera vez (o han vivido
otras vidas como ángeles encarnados,
elementales, etcétera), los sabios han sido

humanos por eones. Al igual que los demás Ángeles en la Tierra, se sienten "diferentes." De hecho, algunos sabios proclaman, "¡soy diferente y me siento orgulloso de serlo!" En palabras de un hechicero encarnado: "Durante mi niñez, me di cuenta de que era diferente y no encajaba en mi realidad, lo cual me dificultaba las cosas, hasta que finalmente comprendí que mi originalidad era un beneficio. Yo no me conformaba a las masas o a las normas; y cuando maduré, comprendí que eso era positivo."

Por esa razón, los sabios se sienten más cómodos con la vida en la Tierra que en otros reinos. Son realistas, compasivos y pacientes con las personas, y han aprendido a disfrutar del tiempo que pasan aquí. Los sabios no temen ver el lado oscuro de la vida como los otros reinos de los Ángeles en la Tierra. La hechicera Linda habla por muchos de los sabios cuando dice: "Sé que soy distinta a los demás, pero no me siento como una extraña, porque en verdad no me importa si le agrado o no a la mayoría de las personas." Este desinterés sobre las opiniones ajenas es propio de los sabios.

La historia de los sabios

El común denominador de los sabios es el número de años que han recorrido para aprender a utilizar sus poderes mágicos. Algunos desarrollan su propio interés en la metafísica, y otros fueron escogidos desde niños e instruidos en las artes psíquicas. Los sabios han vivido como altos sacerdotes y sacerdotisas en la Atlántida, en la antigua Grecia y en Egipto; también durante la época del Rey Arturo, entre los mayas, los esenios, y como chamanes o chamanas. Han sido testigos de la destrucción de civilizaciones y del asesinato de personas debido a sus creencias espirituales. Los sabios saben y aprecian la oscuridad innata del ego humano, pero aprecian y respetan aún más el apogeo al cual puede llegar el ser humano. Y esta es la razón por la cual regresan a enseñar.

En el más allá, los sabios estaban disfrutando de la comodidad del plano de la vida después de la muerte. Habían creado comunidades paradisíacas en el mundo espiritual, con castillos, jardines y cascadas. Todo parecía maravilloso. Pero entonces los sabios recibieron la visita de un comité de guías que estaban tratando de reclutar "soldados espirituales" para que regresaran a prestar servicio. Les pidieron a los sabios que regresaran a la Tierra a enseñar y a ser ejemplos de paz, y a recordarles a las personas a usar su poder y su fortaleza interiores para crear armonía.

Algunos de los sabios aceptaron a regañadientes regresar a la Tierra. Una vez aquí, sintieron la pesada densidad de la energía del cambio. Unos pocos de ellos fueron incapaces de aguantar este ambiente y salieron de inmediato provocando sus propias muertes. Otros sabios se relegaron a una vida terrenal, pero se sintieron deprimidos o enojados por tener que hacerlo.

Los sabios que mejor se ajustaron fueron aquellos que recomenzaron sus estudios de espiritualidad basada en la Tierra, a saber: astrología, Wicca, mágica cabalística, hermeticismo, paganismo, rituales, cristaloterapia, herbolaria, invocaciones por medio de velas, chamanismo, y similares.

Grethel dice que una de las razones por las cuales ella piensa que es una hechicera reencarnada es "debido a mi interés temprano en los cánticos, hierbas, varitas mágicas y toda la parafernalia relacionada con rituales (velas, incienso, agua, etc.). Además, cuando niña tuve un 'amigo imaginario' que era un mago. Como si eso fuera poco, mi tía abuela me llamaba 'hechicera' cuando yo era una jovencita."

Los miembros del reino de los sabios han pasado muchas vidas desarrollando sus talentos espirituales y mágicos. Son conocedores de las artes espirituales de la manifestación, la alquimia y la sanación. Nacieron como niños psíquicos que pueden haber considerado sus talentos como una maldición, especialmente si podían predecir una situación "negativa" futura. De niños podrían haberse sentido culpables por no haber podido evitar una tragedia, puesto que habían sido capaces de verla con anticipación. Si se suponía que intervinieran, ellos habrían recibido instrucciones claras para prevenir el hecho.

La mayoría de los sabios que he entrevistado tienen recuerdos vívidos de vidas pasadas en donde han sido brujos, magos, sacerdotes y cosas por el estilo.

La mayoría de los sabios que contestaron las encuestas tenían una fuerte reacción emocional ante la época de la "quema de brujas" entre los años 1300 y 1700. Muchos de ellos recuerdan de manera fragmentaria o total haber sido quemados en la hoguera, colgados en la horca o haber sido asesinados de alguna u otra forma debido a sus diferencias espirituales. Por ejemplo, Sara dice: "Recuerdo haber sido quemada en la hoguera mientras la gente me gritaba y me maldecía. Recuerdo haber sido torturada con encono."

La "Paranoia de la Quema de Brujas" consistía en una superstición masiva de que todo lo malo que ocurría —desde la destrucción de cultivos hasta las enfermedades de los niños— era causado por maleficios. Se decidió que la única manera de purgar esa "maldad" era quemando la sangre de las brujas. Muchas de las brujas fueron perseguidas por sus vecinos, por los gobiernos locales y por las iglesias. En situaciones más humanas, fueron asesinadas antes de ser atadas a la hoguera para ser quemadas. Sin embargo, en Francia, Alemania y Suiza, la mayoría de las brujas fueron quemadas vivas.

Muchos recuerdan de esa época el temor que sentían hacia la Inquisición, hacia los Caballeros Templarios, hacia los juicios a los cátaros (un grupo pagano europeo del siglo XXIII perseguido de muerte por el Papa Inocencio III), y hacia otros tipos de persecuciones de brujas. El temor a la muerte pendía sobre todos en aquella época, y ese recuerdo pone nerviosos a los sabios ante la idea de abrirse por completo a sus habilidades espirituales.

Como resultado de esto, muchos sabios se reprimen de dar rienda suelta a sus grandes poderes ¡obvio, con esos recuerdos de vidas pasadas! Sin embargo, la razón por la cual fueron elegidos para estar aquí en este momento, es para enseñar y usar esas herramientas espirituales. El propósito de los sabios involucra desempolvar sus habilidades psíquicas y espirituales. Y puesto que solamente podemos sentirnos felices y realizados si nos ocupamos de cumplir nuestro propósito, es necesario que los sabios abran y desarrollen de nuevo estas habilidades.

Los sabios sienten afinidad especial por los elementales y viceversa. No solamente las hadas y los duendes juegan un papel en las prácticas espirituales basadas en la Tierra, sino que además se forjaron grandes amistades entre los elementales y los sabios. En la antigüedad, las personas reconocían los beneficios de trabajar con el reino de los elementales, pero las iglesias se sintieron amenazadas por este poder más allá de sus muros. Por esta razón, comenzaron una campaña pública negativa contra las hadas, los duendes y otros elementales. Hasta el día de hoy, muchas personas sienten miedo de los hermosos elementales.

Debido a la conexión profunda entre los elementales y los sabios en tiempos antiguos y modernos, algunos elementales encarnados podían creer que en verdad eran del reino de los sabios. Esto se debe a las experiencias y a los recuerdos compartidos por los dos reinos. Así es que un elemental encarnado del género femenino puede recordar la quema de las brujas, no porque haya sido quemada, sino porque fue testigo de lo ocurrido a sus amigos los sabios. Ella podría confundirse y pensar que fue *ella* quien fue quemada en la hoguera.

Sin embargo, las diferencias entre los dos reinos son evidentes: los sabios son más solemnes, sombríos y serios que los juguetones y traviesos elementales encarnados. Los sabios tienen rostros grandes y ovalados y prefieren usar el cabello largo (aunque lo usen corto por razones profesionales); mientras que los elementales encarnados tienen rostros redondos y a menudo usan el cabello corto (excepto en el caso de las hadas y los seres marinos encarnados). Los sabios del género masculino a menudo llevan colas de caballo o se peinan el cabello hacia atrás y usan gel. Los actores Della Reese, Angelica Huston y Jimmy Smits ejemplifican el aspecto físico y la intensidad del reino de los sabios.

Los sabios pueden ser excéntricos en su vestir, reflejando su época pasada favorita. Los del género femenino prefieren los vestidos largos y sueltos como "trajes de diosas" de colores oscuros, con collares de grandes cristales. Los del género masculino gustan de las camisas tejidas en materiales naturales o las camisas de la época del Renacimiento. Los hombres pueden usar collares con pendientes de carácter espiritual, tales como cruces celtas o insignias con el símbolo OM. A los sabios a menudo les gusta asistir a las ferias del Renacimiento disfrazados por completo, pues en esas ocasiones pueden revivir los altibajos de sus vidas pasadas.

Los sabios tienen dragones, magos y diosas como guías espirituales. Están muy interesados en el estudio de épocas antiguas que pueden ser consideradas míticas, tales como Avalón, la Atlántida y Lemuria. Coleccionan estatuas de magos, y les encantan los libros y las películas que tratan temas de magia, como las series de *El señor de los anillos,* los libros de *Harry Potter* y todo lo relacionado con los tiempos del Rey Arturo. Muchos sabios son además fanáticos historiadores.

Marlies, alta sacerdotisa encarnada, escribió: "Me encanta la mitología griega y egipcia. Me puedo relacionar con facilidad con Isis en la tradición egipcia, y me fascina Palas Atenea, la diosa de la sabiduría y de la guerra. Siento mucho amor por sus historias y por el apoyo que le ofreció a Ulises. Estudié la antigua Grecia con gran pasión y me siento familiar con todas las deidades del Olimpo."

Los sabios también son muy sensibles a las fases de la luna, se afectan física y emocionalmente por los ciclos de plenilunio y novilunio. A menudo participan en "ceremonias de plenilunio" y celebran los equinoccios.

Patrones entre los sabios

Curiosamente, todos los sabios encuestados conocían sus signos astrológicos solares, lunares, ascendientes y descendientes. Esto contrastaba de gran manera con los miembros de otros reinos encuestados, quienes a menudo ni siquiera conocían sus signos solares, y raramente conocían sus signos lunares.

Obviamente, los sabios tienen amplios conocimientos sobre astrología y aprecian sus aplicaciones.

Un alto porcentaje de los sabios encuestados tenía un historial pasado o presente de enfermedades cardiovasculares. En este reino predominaban los casos de prolapso mitral, presión arterial alta, taquicardia, arritmia, palpitaciones intensas y ataques del corazón. ¿Podría ser esto consecuencia del dolor en el corazón que llevan las personas de este reino, por amar tanto a la Tierra y a sus pobladores, y observar su destrucción potencial? ¿O será el dolor remanente de las persecuciones de brujas, en donde la sangre de los sabios fue quemada y sus corazones fueron traspasados con estacas?

Louise Hay dice en su libro *Sana tu cuerpo* que el significado metafísico tras los problemas relacionados con el corazón radica en "problemas emocionales de larga trayectoria." Los sabios han llevado consigo dolores emocionales por eones en sus vidas en la Tierra, ¡esto es lo que llamaríamos verdaderamente una larga trayectoria! Según Louise Hay, otras razones que causan problemas con el corazón incluyen "falta de alegría, endurecimiento del corazón y la creencia en las preocupaciones y el estrés."

Los sabios que he conocido son individuos intensos y maestros diligentes. Enseñan sin cesar, a menudo ofreciendo consejos breves pero profundamente filosóficos. Sin embargo, la mirada de muchos sabios revela años de desilusión de sus alumnos. Un sabio me dijo hace poco: "Si las personas tan solo siguieran mis consejos, todos sus problemas se terminarían. No estoy actuando con arrogancia, pero es que *yo sé* cómo puedo ayudarlos. Sin embargo, la mayoría de las personas ignora el consejo y sigue regodeándose en su sufrimiento."

Puesto que el propósito de los sabios es enseñar y mostrar el camino a los demás, quizá esta frustración con sus misiones es su mayor desconsuelo.

Al igual que los elementales, los sabios no son muy fanáticos de las reglas y las normas. Sin embargo, a los elementales se les atrapa invariablemente cuando rompen las reglas, mientras que los sabios proyectan un manto invisible sobre ellos. Muy rara vez los atrapan rompiendo las reglas. Cuando lo hacen, los sabios pueden llegar a culpar a los elementales por la infracción.

Los sabios en las relaciones

La mayoría de los sabios anhelan un matrimonio mágico y místico con un alma gemela. Ellos pueden sentir la presencia esquiva de un alma gemela que habrían conocido desde muchas vidas pasadas.

Esto los conlleva a una búsqueda del Ser Amado; y hasta que encuentran a esa persona, prefieren quedarse sin pareja. O en el peor de los casos, un sabio podría conformarse con una relación mediocre.

En vidas previas, los sabios podrían haber hecho votos de castidad o celibato. Estos votos pueden seguir a alguien en una vida actual y acarrear estragos. La sabia Audrey es un ejemplo perfecto. Ella sabía que había sido bruja y monja en vidas pasadas. Como bruja, estuvo involucrada en rituales paganos, celebrando la tierra, la naturaleza y el cuerpo humano. Esto involucraba a menudo ceremonias de desnudez y sexualidad. Los poderes dominantes en esa época consideraban este enfoque material como herético, y fue quemada en la hoguera. En su siguiente vida, Audrey fue monja y tomó votos de celibato. Sin embargo, ella retenía sus intereses y habilidades místicas. En su vida presente, Audrey continuaba practicando sus encantamientos y conocía muy bien el arte de la manifestación. Sin embargo, su vida sexual estaba atrofiada en una relación carente de sexo, con un esposo impotente demasiado orgulloso como para tomar medicinas o acudir a un consejero sexual. Juntas "rompimos" sus votos de celibato y así logró reavivar su sexualidad.

Así es que los sabios manejan mejor sus vidas amorosas cuando usan sus notables poderes mágicos para manifestar el amor que anhelan. Incluso en el caso de que su Amado o Amada no esté encarnado actualmente y se encuentre en el mundo espiritual entre vidas, los sabios pueden manifestar relaciones amorosas absolutamente satisfactorias con el poder de sus intenciones enfocadas.

A los sabios les va mejor cuando tienen amigos que respetan y admiran. De lo contrario, en vez de amigos, los sabios solo podrían llegar a tener "clientes." Estas "amistades" son unilaterales, el sabio actúa como maestro, y el amigo como alumno. Los sabios nunca llegan a hablar de sus problemas ya que asumen el papel fuerte y empoderado.

A los sabios se les acusa a menudo de ser sabelotodos. Esta acusación en realidad tiene una base de verdad, porque los sabios están conectados con el inconsciente colectivo que todo lo sabe. También son muy psíquicos. Linda, una sacerdotisa reencarnada dice: "Con mucha frecuencia, sé lo que una persona va a decir. Se molestan conmigo porque termino sus frases."

Los hijos de los sabios pueden acusarlos de ser padres controladores, esto también es consecuencia del apremio de los sabios por enseñar. Los sabios *no pueden dejar* de enseñar; sin embargo, pueden suavizar sus instrucciones para que sean más agradables. En lugar de dar un sermón, por ejemplo, pueden crear una experiencia de aprendizaje que sea divertida y educativa.

En cuanto a sus vidas amorosas, es importante para los sabios usar sus visualizaciones conscientes de felicidad, relaciones sanas con sus amigos y con sus familiares. También pueden usar ese destacado poder de verse a sí mismos rodeados de amigos fuertes y poderosos que puedan *ayudarlos*.

Entonces, si usted cree ser un sabio, vea y sienta a sus hijos apreciando sus enseñanzas. No se preocupe por la manera en que esas manifestaciones llegarán. Solo sepa que así será. Y luego libere las visiones al Universo para que pueda manifestarlas con rapidez y facilidad.

Sabios mágicos

Si usted es un sabio, es un mago altamente entrenado, y si alguna parte de su vida no está funcionando ahora mismo, asuma un papel dinámico para sanar esa área. Si usted espera pasivamente que el Universo lo dirija, puede descubrirse dando tumbos sin llegar a ninguna parte. Esto es debido a que los sabios como usted, son cocreadores, y el Universo prefiere esperar a escuchar sus deseos y realizarlos según sus peticiones. Sin embargo, los sabios saben por experiencia que no todo lo que uno pide conlleva a la felicidad. Por esta razón, es prudente orar o pedir guía para *saber qué pedir*.

Es crucial tener fe en estas habilidades, incluso si es solamente un 5 ó un 10 por ciento de fe. Si usted pide algo pero alberga temor de que no ocurra, bloquea la manifestación. Si es necesario, puede pedir "prestada" la fe de uno de sus guías. O, puede pedirle al Universo que aleje los temores que están combatiendo su fe total.

Puede ser que usted, como muchos otros sabios, haya tomado votos en sus vidas pasadas como aspirante o devoto espiritual (ya sea como monja o monje). Entre los votos más comunes encontramos los votos de sufrimiento, auto-sacrificio o castigo, pobreza, castidad, virginidad, celibato, obediencia y silencio. A menos que estos votos sean contrarrestados, pueden seguirlo en su vida en la Tierra y colocar barreras en sus áreas amorosas y sexuales, en sus finanzas y en su vida en general. Nadie es verdaderamente libre hasta que no llega a romper los votos de vidas pasadas. Los únicos votos sanos son aquellos que *usted* decide tomar, los que usted toma por sí mismo. Incluso así, es buena idea revisarlos con frecuencia para ver si siguen siendo válidos.

Rompa estos votos y sus efectos declarando con firmeza:

"Por este medio deshago cualquier voto de sufrimiento, auto-sacrificio o castigo que pueda haber tomado en todas las direcciones del tiempo. Disuelvo cualquier efecto negativo provocado por estos votos, ahora y siempre."

Enseguida, repita esta frase para otros votos (pobreza, celibato, etc.). Puesto que estos votos fueron tomados firmando algún documento con su propia sangre, debe romperlos con una cantidad de poder aún mayor. Es especialmente poderoso prender una vela (ayuda a liberar la negatividad y a desintegrar los bloqueos en las situaciones) y conducir la ceremonia durante la luna llena, tiempo de liberación por excelencia. Luego, póngase de pie y haga una marca fuerte con su pie en la tierra mientras hace sus declaraciones en voz alta. ¡Dígalo con la misma firmeza con la cual tomó esos votos!

Sabio: recuerde siempre el poder de la palabra. Sea claro en sus deseos y luego ordene, a través de sus palabras, que así ocurra. Usted es experto en conjuros, tanto en nombre de sus miedos *como* de los deseos de su corazón. Por esa razón, puede crear profecías que se realizan en la dirección de los dictados de su ego así como en los de su ser superior. Instruya a su ego para que guarde silencio y dirija a su ser superior para que eleve el volumen de su voz.

A medida que sus manifestaciones aparezcan en forma tangible, deles la bienvenida con los brazos abiertos. A veces los sabios alejan sus manifestaciones por temor de no merecerlas. Recuerde, sin embargo, que esas manifestaciones son herramientas que lo ayudan a enseñar y a sanar. Sus estudiantes y sus clientes merecen la ayuda de un sabio que pueda cubrir todas sus necesidades materiales. Querido sabio, deje tras de sí todas las carencias o los votos de sufrimiento.

El trabajo en la vida de los sabios

Como sabio, usted es un líder natural que es respetado debido a su carisma, a su aire de confianza, a la manera en que se comporta y a su poder personal. Las personas lo respetan y lo admiran naturalmente; a veces hasta se sienten intimidados por usted. Entonces, siéntase cómodo siguiendo su camino.

Debido a sus muchas vidas pasadas de aprendizaje y enseñanzas espirituales, es probable que usted disfrute una carrera como, por ejemplo, maestro espiritual, astrólogo, psíquico, sanador espiritual, canalizador o lector de las cartas del oráculo. Podría llegar a ser un excelente presidente de una compañía o un hombre o mujer de negocios, especialmente debido a sus habilidades administrativas combinadas con su conocimiento intuitivo de cómo mejorar las situaciones.

Sin embargo, como muchos sabios, podría sentirse frustrado trabajando con audiencias desmotivadas o con clientes que no sigan sus consejos.

Híbridos de sabios

Como leeremos en el siguiente capítulo, hay variaciones de sabios mezclados con otros reinos. Estos incluyen los paladinos, los ángeles místicos, los sabios estelares y los seres marinos místicos.

Guías y sugerencias si usted es un sabio

— **Honre el poder de la palabra.**
Esté alerta a sus pensamientos
y a sus palabras para asegurarse
de que sean el espejo de lo que
desea, y no de lo que teme.
Usted puede manifestar tan
rápidamente que no puede darse
el lujo de pensar ni de hablar
de sus miedos. Enfoque todas
sus energías en manifestar sus
deseos y el propósito de su vida.

— **Honre su pasado.** Haga una
regresión a sus vidas pasadas
para purificar cualquier emoción
residual que podría ser un
obstáculo en su vida presente.
Lea libros y vea películas
relacionadas con sus vidas
pasadas.

— **Sea consciente del poder de su carácter.** Cuando un sabio lanza su ira hacia otra persona, es como si le enviara una maldición. Use con cuidado su poder; y piense dos veces antes de maldecir a alguien, pues esto podría hacerle daño a otras personas o regresar hacia usted y atormentarlo.

— **Enseñe lo que es importante para usted.** Usted siempre enseña con su ejemplo. Esta es una excelente razón para que se incline siempre hacia su nivel más elevado y así inspire a los demás. Usted eligió venir a la Tierra para enseñar el potencial humano, entonces es importante que modele eso en su propia vida.

— **Ríase y juegue.** Incluso si tiene una misión vital, es importante inyectar dosis frecuentes de diversión en su vida. Su misión implica sinceridad, no seriedad. La risa también ayuda a sanar cualquier congoja que haya sufrido en esta vida o en vidas pasadas.

Capítulo seis

Reinos combinados e híbridos: ángeles místicos, caballeros, leprechauns y seres marinos

$\mathcal{D}$urante mis programas de certificación, explico en detalle todos los reinos. Luego le pido a los miembros de la audiencia que se reúnan con los miembros de sus reinos. Se les pide a las personas que se sienten inseguras respecto a su reino, que pasen un tiempo con cada grupo para descubrir con cuál de ellos se sienten más cómodos. Las personas pueden sentir de forma instantánea si pertenecen o no a un grupo.

Algunos miembros de la audiencia han sentido que pertenecen a dos de los grupos de los reinos. Por ejemplo, varios han dicho que no pueden decidirse si se ajustan mejor a la categoría de ángeles encarnados o a la de los sabios. En estos casos, pensaba que debían ser almas que estaban evolucionando de un reino a otro, y entonces los enviaba al grupo de los evolutivos, los metamorfos o los diletantes.

Curiosamente, cuando mi hijo era el encargado de las admisiones a mis programas de certificación en los Estados Unidos, siempre había un alto porcentaje de elementales entre los miembros de las clases. Nunca cuestioné la proporción de elementales hasta que una consejera espiritual llamada Betsy Brown asumió el puesto de Chase. De repente, la energía de nuestros programas de Practicante de Terapia Angélica cambió totalmente.

En el primer curso en que Betsy trabajó hubo por lo menos cincuenta personas que se sentían fuera de lugar durante los ejercicios de los reinos. Todos se quejaban de lo mismo: sentían que se ajustaban tanto al grupo de los ángeles encarnados como al de los sabios. Prácticamente no hubo elementales en la clase, mientras que antes habíamos tenido siempre un grupo considerable de hadas y duendes bondadosos en la audiencia.

¡Acabábamos de descubrir un nuevo reino! Los nuevos estudiantes eran híbridos, a los cuales llamamos "ángeles místicos", tal como era Betsy Brown. Comprendí que el elevado porcentaje de elementales reflejaba el reino correspondiente a Chase. ¡Lo que es similar se atrae!

Ángeles místicos

> *Cuando miras a los ojos de un ángel místico, ves compasión.*

Como mencioné antes, los ángeles místicos son mitad sabios, mitad ángeles encarnados. Ellos comparten muchas de las características de los ángeles encarnados, respecto a que son amorosos, serviciales y cariñosos. Pero como han tenido varias vidas en la Tierra (como ángeles encarnados), saben defenderse en las calles y son inquietos. Puede ser que usen un lenguaje verbal soez, que abusen del alcohol o del juego..., pero siguen siendo ángeles.

Los ángeles místicos aprecian las reglas porque aborrecen el caos. Al igual que los ángeles encarnados, piden disculpas. Pero solamente dicen "lo siento" como una forma rápida de terminar un conflicto y no porque se sientan culpables. Los ángeles encarnados monopolizan el complejo de culpa entre los reinos.

Los ángeles místicos se han ganado la sabiduría a través de muchas vidas en las trincheras de las batallas y los conflictos. Aunque lo han visto todo, los ángeles místicos siguen teniendo fe en la bondad de la humanidad.

No son tímidos frente a una audiencia comparados con los ángeles encarnados. Su herencia de sabios los convierte en maravillosos maestros y presentadores de talleres. Les encanta enseñar sobre técnicas de sanación y ofrecer consejos para vivir feliz.

No temen reconocer el lado oscuro de la vida. Ellos ven claramente la presencia del ego tras los dramas humanos. El enfoque y el lenguaje de un ángel místico son un poco más oscuros y más terrenales que los de un ángel encarnado (que es un reino al que no les gusta ver o reconocer problemas ni lados oscuros).

Un ángel místico describe las características de su reino de la siguiente manera: "Nos gusta usar tanto las Cartas del Oráculo de los Ángeles como las cartas del Tarot. Somos sanadores sabelotodo. Puesto que hemos sido asesinados en vidas previas, a menudo tememos darnos a conocer públicamente como seres espirituales. Pero cuando lo hacemos, volamos alto y veloz hasta llegar a poner en acción nuestro propósito."

Caballeros paladines

Este reino fue descubierto por mi hijo Grant. Si recuerdan, Grant fue la persona que me señaló originalmente el reino de los sabios. Una vez que trazamos las características de este reino, Grant vio que en realidad él correspondía a la subcategoría de los sabios que habíamos llamado originalmente los "caballeros." Sin embargo, este término no era exacto puesto que implicaba guerreros puros. Entonces el término *paladín* fue sugerido por dos miembros de este reino, y se refiere al caballero mago o santo que hace una cruzada a favor de la bondad y el orden. Los paladines en la historia han sido magos que lanzan conjuros para completar sus misiones.

Los caballeros paladines comparten muchas cualidades con los ángeles místicos pues son mitad sabio mitad ángel. Los ángeles místicos expresan su lado angélico a través de la sanación a los demás, ya sea por medio de sus sabias enseñanzas o de su energía. Los caballeros paladines representan el lado guardián y protector de los ángeles. Los ángeles místicos expresan la energía sanadora del arcángel Rafael, mientras que los caballeros paladines expresan la energía que esgrime la espada del arcángel Miguel.

Los caballeros paladines son los custodios del orden, y son los poseedores de la verdad, de los secretos sagrados y de la cortesía. Son confiables, capaces de guardar secretos (a menos que delatar un secreto ayude a hacer justicia), y extremadamente serviciales hacia sus seres queridos y hacia los extraños. Los caballeros paladines se sienten incómodos en ambientes sociales, a menos que estén discutiendo un tema de interés personal. Son caballerosos y amables, pero pueden ser acérrimos e inflexibles cuando sienten sus valores amenazados. Se rehúsan a doblegarse cuando se trata de su moral. Recuerden que los ángeles encarnados (de los cuales surgen los caballeros paladines) respetan la autoridad, la organización y las reglas, especialmente cuando ellos creen en esas reglas.

Los miembros de este reino han servido como caballeros templarios, miembros de la Mesa Redonda, miembros de las doce *chansons de geste* de la leyenda francesa medieval y guardaespaldas de altos sacerdotes, altas sacerdotisas, santos y profetas. Los caballeros paladines tienden a tener cuerpos corpulentos y fuerza muscular. Tienen la frente en alto con un orgullo carente de ego; y su mirada es intensa, clara y enfocada como un guardaespaldas en alerta. Lo perciben todo.

Los caballeros paladines han vivido fascinados con los caballeros, las armaduras, las historias de la Mesa Redonda y los duelos. Les encantan los juegos de video, los libros y las películas que involucran batallas, combates con lanzas y rescates.

Caballeros paladines famosos incluyen a Juana de Arco, al Rey Arturo y a Sir Lancelot.

> *Los ojos de un caballero paladín son intensos, claros y enfocados, como los de un guardaespaldas en alerta.*

Muchos caballeros paladines se sienten atraídos por el servicio militar, los trabajos de seguridad y de policía, los cuales son los equivalentes modernos de las órdenes de los caballeros. También les gusta leer o pertenecer a sociedades espirituales secretas tales como los masones, los caballeros templarios y los rosacruces. Sin embargo, los caballeros paladines modernos a menudo asumen sus misiones en solitario para realizar sus destinos. En vez de seguir las órdenes del Rey, el caballero paladín de hoy en día debe seguir las órdenes de su guía interno. Por esa razón, unirse a las fuerzas armadas militares o policíacas podría obstaculizar la libertad de seguir su sabiduría interna o podría incluso desalentar esa misma voz.

Los caballeros paladines también tienen sus contrapartes orientales en los samurais y los monjes chaolines, quienes incorporan ciertos trabajos de respiración, posturas, autodisciplina y sabiduría en su enfoque hacia el manejo de su vida.

Los caballeros paladines llegan a ser grandes defensores y activistas que abogan por las causas en las cuales creen. Les va bien en las áreas de leyes, política, escritura, como oradores, entrenadores, haciendo campañas y dirigiendo a otros caballeros paladines que sean índigos (la generación de líderes y visionarios naturales altamente sensibles) para que lleguen a ser líderes intensos e inspiradores.

Seres estelares místicos

Este híbrido es una mezcla de seres estelares y sabios. Los seres estelares místicos son maestros naturales que brindan conocimiento universal a la Tierra. Sus enseñanzas tienen el propósito global de inspirar la paz mundial, ayudando a los seres humanos a reducir sus niveles de estrés.

> *Los seres estelares místicos tienen ojos exóticos y diferentes que reflejan su pasión seria, sombría e intensa por enseñar.*

Los seres estelares místicos son altamente sensibles y pueden sentir la energía de las emociones ajenas. A menudo se sienten incómodos alrededor de los demás y pueden a veces actuar de manera inadecuada cuando están rodeados de gente. Los seres estelares místicos combaten el estrés social enseñando hechos y filosofías.

Los seres estelares místicos tratan inconscientemente de enseñar a miembros de sus familias que tienen sus ojos empañados por una sobrecarga de información técnica. Los seres estelares místicos se encuentran mejor cuando le prestan atención a las señales inconscientes de sus estudiantes y de los miembros de sus audiencias, y cuando advierten niveles vacilantes de atención. Son tan inteligentes que podrían conversar a un nivel más alto que el de la otra persona sin darse cuenta. Sin reducir la calidad de sus lecciones, los seres estelares místicos pueden adaptar sus enseñanzas para que puedan ser comprendidas con mayor facilidad.

Leprechauns

Cuando pensamos en los leprechauns, nos viene a la mente la imagen de hombrecillos en trajes verdes. Sin embargo, el reino de los leprechauns como Ángeles en la Tierra incluye una amplia variedad de formas y tamaños de cuerpos y de estilos de vestir. Hay leprechauns masculinos y femeninos, y muchos miembros de este reino *parecen* leprechauns gigantes. Pero en verdad, es su interior y no su exterior lo que distingue este reino de los demás.

Los leprechauns son mitad sabios mitad elementales encarnados. Tienen la sabiduría que proviene de muchas vidas en la tierra, un sentido común que los enraíza a la vida, una conexión profunda con la naturaleza y un sentido del humor más bien perverso.

> *Cuando observas los ojos de un leprechaun durante un minuto, ves la seria intensidad de un sabio maestro. Al minuto siguiente, sin embargo, ves la mirada malévola de un niño de siete años que está a punto de cometer una travesura.*

Para comprender el reino de los leprechauns, observemos su historia. Uno de los pueblos originales de Irlanda fue llamado Tuatha de Danaans, lo cual significa "los niños de Dana" o "el pueblo de Dana." Dana era una diosa creadora celta. Los Tuathas poseían habilidades mágicas para cambiar de forma y viajar en el tiempo, y eran considerandos semidioses en algunos círculos. Combatieron para mantener la posesión de Irlanda, pero eventualmente fueron vencidos por los gaélicos invasores. No obstante, en vez de dejar su isla, los Tuathas cambiaron de forma hacia otra dimensión y se convirtieron en leprechauns. Hoy en día, siguen rondando Irlanda, aunque solamente son visibles a las personas con mentes y corazones abiertos.

Así es que los trabajadores de la luz procedentes del reino de los leprechauns son mitad sabios mitad elementales. Poseen conocimientos antiguos sobre magia, sanación y manifestación como los sabios de otras culturas. Como leprechauns, ellos expresan las características de los elementales al vivir interdimensionalmente con una fuerte conexión con la naturaleza.

Los leprechauns demuestran cualidades tanto de los sabios como de los elementales. Vacilan entre serios maestros y revoltosos bromistas. Un minuto están dando un sermón y al minuto siguiente nos están haciendo cosquillas. A pesar de que nos imaginamos a los leprechauns como hombrecillos con barbas rojas y grandes panzas bajo sus trajes verdes, los miembros del reino de los leprechauns pueden lucir como modelos de pasarela espectaculares. Muchos miembros de este reino tienen alguna facción de leprechaun, ya sea su gusto por las camisas verdes, o por el pelo rojizo. Pueden ser corpulentos, o incluso pueden tener un poco de grasa abdominal.

Los leprechauns son maestros maravillosamente divertidos que mantienen a sus alumnos cautivados e interesados. Son maravillosos cuentistas, pero sus cuentos siempre tienen mensajes importantes. Siempre y cuando uno logre obviar sus estados de ánimo fluctuantes y sus devaneos ocasionales, pueden llegar a ser amigos y parejas maravillosos. Uno jamás se aburre con un miembro de este reino, ¡eso es seguro!

Seres marinos: sirenas y tritones

> *La mayoría de los seres marinos tienen los ojos de un color verdoso.*

Al igual que los leprechauns, las sirenas y los tritones son híbridos del reino elemental, por eso también tienen su lado juguetón y travieso. En mi libro, *Diosas y ángeles*, publiqué los resultados de mis encuestas a los seres marinos:

> Seleccioné solamente las encuestas de aquellos de quienes estaba segura de que pertenecieran al reino de los seres marinos. La mayoría de ellos basaba su opinión en el hecho de que coincidían con mis descripciones, *tenían* que vivir cerca del agua, se habían identificado con las sirenas o los tritones desde la infancia, tenían sueños frecuentes con sirenas y cosas por el estilo.

190

De todas las cifras de la encuesta, los factores significativos fueron:

- 82% tenían el cabello o reflejos de su cabello en un tono rojizo

- 82% preferían usar el cabello largo (89% de solo las mujeres encuestadas)

- 79% tenían el cabello ondulado o crespo

- 69% tenían los ojos en tonos verdosos

- 85% reportaron sentir con frecuencia o constantemente sed de agua

- 80% decían que sentían frío a menudo, incluso en climas cálidos

El 82% de personas que respondieron la encuesta, y que tenían el cabello rojizo o castaño rojizo, eclipsaba al porcentaje estimado de 2 a 10 por ciento de personas con el cabello rojizo o castaño rojizo en la población general. Aparentemente, el cabello rojizo es una anomalía genética. En una época, las mujeres pelirrojas fueron acusadas de brujería. En los siglos XVI y XVII, las mujeres europeas pelirrojas fueron sentenciadas a muerte durante las cruzadas de cacerías de brujas. ¿Habrán sido seres marinos que habían conservado sus habilidades mágicas y sus conocimientos?

Como lo mencioné con anterioridad, los seres marinos deben vivir cerca del agua para sentirse felices y sanos. Las hadas marinas se sienten atraídas hacia los ríos y los lagos, mientras que los ángeles marinos, los místicos marinos y los seres estelares marinos se sienten conectados al océano. Muchos seres marinos recuerdan o se sienten atraídos hacia la Atlántida y Lemuria, las cuales son dos civilizaciones oceánicas antiguas.

Al igual que los demás reinos, los seres marinos lucen como sus contrapartes. Las mujeres lucen como verdaderas sirenas con cuerpos curvilíneos de guitarra y tienden a vestirse con ropa de color turquesa. Los hombres lucen atléticos, delgados y aman las actividades al aire libre. La mayoría tiene un tono rojizo natural en sus cabellos.

Los seres marinos dicen que sienten frío con mucha facilidad, y prefieren pasar vacaciones en climas tropicales. Por mucho que les guste nadar, las sirenas y tritones evitan las piscinas llenas de cloro porque son muy sensibles al olor y a la sensación del cloro.

Los seres marinos siempre tienen sed y muchos sufren de estreñimiento. Por lo general, llevan una botella de agua a la mano, y evitan las frutas secas que tienden a drenar el agua de sus cuerpos. Su sensibilidad hacia el agua causa que sean exigentes respecto a la marca de botella de agua que beben. A menudo les encantan las ensaladas de algas marinas, los vegetales marinos y el nori (especie de alga marina plana que se usa para la preparación de los rollos de sushi), probablemente porque sus cuerpos necesitan los nutrientes especiales basados en los alimentos marinos.

La mayoría de las personas adoran a los delfines, pero los seres marinos son fanáticos de ellos. También adoran a las ballenas, a las aves marinas, a los caballitos de mar y a otros seres acuáticos. Muchos se hacen voluntarios o ayudan monetariamente a institutos de beneficencia o eventos que protegen a los océanos, los lagos y los ríos. Su destino vacacional favorito es una playa tropical, y viven cerca del agua o anhelan hacerlo. También les encanta recoger con diligencia la basura de las playas y de las orillas de los lagos.

Existen varias subcategorías en el reino de los seres marinos:

— **Ángeles marinos:** Híbridos mitad ángeles encarnados y mitad elementales (los seres marinos son parte del reino elemental), los ángeles marinos vacilan entre traviesos y simpáticos. Los ángeles marinos femeninos pueden lucir como ángeles encarnados, con cuerpos voluptuosos, rostros joviales en forma de corazón y cabelleras en melena con reflejos. Sin embargo, existen ángeles encarnados que viven al borde del abismo. Pueden tener historiales de consumo de drogas y alcohol, traiciones en sus relaciones e incluso antecedentes criminales. Sin embargo, sus corazones son totalmente angelicales.

— **Hadas marinas:** Este híbrido es cien por cien elemental, por esa razón no es de extrañar que las hadas marinas disfruten a plenitud el océano, los lagos y los ríos. Disfrutan tomar un coctel mientras observan los atardeceres a la orilla del mar, pasear en bote o sencillamente gozar de un día en la playa. Las hadas marinas pueden ser perfeccionistas respecto a sus parejas, lo cual puede conllevar a una larga sucesión de novios y novias. Sin embargo, las hadas marinas saben cuando han encontrado una relación satisfactoria para toda la vida, por lo mucho que se divierten en ella, por la seguridad económica que les proporciona, y por... ¿ya lo dije? lo divertida que sea. A las hadas marinas les encanta acampar, realizar caminatas y estar cerca de los lagos y los ríos al pie de las montañas. Tienen una conexión especial con las hadas acuáticas, las cuales son llamadas "ánimas" y "ninfas."

— **Seres estelares marinos:** A los seres estelares les encanta estar cerca del océano, pero este híbrido se siente especialmente atraído hacia el mar. Los seres estelares marinos son solitarios que prefieren navegar, nadar, deslizarse sobre las olas o bucear solos (o con un compañero especial y en quien confíen). Adoran contemplar el cielo estrellado mientras van a la deriva en un bote en medio del océano. Se conectan con sus planetas de origen a través de la energía de los iones positivos del agua.

— **Marinos místicos:** Este híbrido es una mezcla de ser marino y sabio. Tienen la personalidad inquieta de un elemental combinada con la seriedad de los sabios. Les encanta enseñar, especialmente sobre delfines y ballenas, la Atlántida, la ecología del océano, el buceo con tanques de oxígeno, el deporte de vela, o cualquier tema relacionado con el océano. Una subcategoría de este reino son los ángeles místicos marinos, quienes son una mezcla de ángel encarnado, ser marino y sabio.

— **Delfines encarnados:** Este híbrido consiste de delfines que han asumido la forma de los humanos para que su mensaje sea claramente escuchado por la gente. Sin embargo, su apariencia delata su verdadera identidad. Los cuerpos de delfines encarnados se parecen al cuerpo *real* de los delfines. Sus vientres ligeramente prominentes moldean sus cuerpos en las dimensiones de una pelota de fútbol americano. La mayoría de los delfines encarnados tienen ojos grises, justo como los delfines del océano.

> *La mayoría de los delfines encarnados tienen ojos grises, al igual que sus contrapartes oceánicas.*

Los delfines encarnados se ríen ahogadamente al igual que los delfines marinos. La mayor parte de ellos tiene profesiones relacionadas con el mar tales como biólogos marinos, oceanógrafos, capitanes de botes o ecologistas marinos. Su pasión es preservar la ecología marina y se convierten en maravillosos maestros en esta área. Pero debido a su origen, este reino sabe relajarse, jugar y coquetear mientras cumple con sus responsabilidades. Como están acostumbrados a nadar en manadas, a menudo son muy sociales. Les encantan las conversaciones extensas y joviales.

Por ejemplo, una mujer llamada Gayle adora a los delfines y a menudo lleva grupos en excursiones a nadar con ellos en lugares exóticos. Hasta luce como un delfín, con su cuerpo ingeniosamente redondeado y sus ojos ovalados. Curiosamente, Gayle maneja una compañía de piscinas. Su signo solar es Piscis, el signo del pez, y un signo de agua. Ella dice: "Adoro el océano y *tengo* que pasar un tiempo en él para recargarme. Adoro los delfines y las ballenas, y paso mucho tiempo en el océano nadando con ellos. Le pregunté a mis guías por qué me sentía tan conectada con el océano y me dijeron: 'Porque, Gayle, tú provienes *del* océano.' Al comienzo, no comprendí lo que querían decir. Ahora creo que debo haber sido un delfín en otra vida."

Además de los delfines encarnados, he conocido también a unas pocas ballenas encarnadas, y al contrario de lo que uno podría suponer, no son obesas. Mientras los delfines encarnados tienen una personalidad juguetona al igual que un elemental, las ballenas encarnadas tienen la energía protectora y amorosa de los arcángeles. Las ballenas encarnadas están fascinadas con las ballenas marinas, y a menudo se convierten en defensores, activistas, biólogos marinos, marineros o buceadores con el fin de pasar tiempo estudiando a las ballenas.

Estos son los híbridos principales que me han sido revelados desde que comencé a enseñar este material a los miembros de mis audiencias. Las personas que no se relacionan con ninguno de los reinos siguen ayudándome a determinar otros híbridos. Sin embargo, algunas personas desafían abiertamente cualquier categoría. Para ellos, hemos desarrollado otras formas de ver los reinos combinados, tal como veremos a continuación.

Capítulo siete

Si siente que pertenece a varios reinos...

*C*erca del diez por ciento de los miembros de mi audiencia que escuchan la descripción de los reinos de los Ángeles en la Tierra me dicen: "¡Siento que pertenezco a más de una categoría!" Estos Ángeles en la Tierra saben que son trabajadores de la luz, sin embargo no están claros respecto a un reino en particular. Aquí vemos algunos puntos a considerar:

| 1. Energía: Sintonícese con su "huella energética" general ||
La Energía de un:	Es:
Ángel encarnado	Dulce y amorosa
Elemental encarnado	Cálida, juguetona y traviesa
Ser estelar	Servicial, fría y desapegada
Sabio	Seria, intensa y real
Leprechaun	Varía entre seria y frívola
Ángel místico	Seria, intensa, dulce y amorosa
Ser marino	Varía entre rebelde y complaciente
Caballero paladín	Atenta y cortés, pero socialmente retraída

2. Apariencia física	
Las personas de este reino:	*Tienen estas características físicas:*
Ángeles encarnados	Rostros hermosos o angelicales y cuerpos grandes
Elementales encarnados	Lucen como versiones grandes de hadas, duendes, elfos y gnomos
Seres estelares	Son altos y larguiruchos; o bajos de estatura con cuerpos delgados o grandes. A menudos tienen facciones y ojos extraños. Usan ropa sencilla y muy poco maquillaje.
Sabios	Rostros grandes, con una expresión de lejanía en sus ojos. Usan camisas y vestidos sueltos de colores oscuros, y con frecuencia tienen

2. Apariencia física	
	canas prematuras y llevan el pelo largo.
Leprechaun	Muchos de ellos lucen como leprechauns. Prefieren usar ropa verde o de tonos tierra. Casi siempre sus ojos parpadean intermitentemente.
Ángel místico	Rostro atractivo, cuerpos grandes y expresión muy seria en sus rostros
Ser marino	Las mujeres tienen cuerpos curvilíneos en forma de guitarra. Los ojos tienden a ser verdosos y el cabello a ser rojizo. Los seres marinos prefieren usar el cabello largo. A menudo usan ropa azul turquesa o verde brillante.
Caballeros paladines	Altos, cuerpos grandes, ojos intensos.

3. Intereses	
Las personas de este reino:	*Se enfocan en:*
Ángeles encarnados	Enseñar y trabajar al servicio de los demás; mantener sus relaciones en paz y felices.
Elementales encarnados	Enseñar, divertirse; les gustan las artes y el ambientalismo
Seres estelares	Sanación por medio de la Energía, particularmente Reiki, avances tecnológicos, ayudar a quien lo necesite.
Sabios	Enseñar; practicar la espiritualidad mística, psíquica y basada en la Tierra.
Leprechauns	Enseñar; la música; contar historias y hacer bromas

3. Intereses	
Ángeles místicos	Enseñar sobre la sanación
Seres marinos	Delfines, ballenas, deportes acuáticos, el océano, Lemuria y Atlántida
Caballeros paladines	Propugnar por la justicia, la verdad y la libertad; proteger a los "oprimidos" y las causas justas.

El alma evolutiva y el metamorfo

Si todavía no conoce su reino, puede ser que usted provenga de un reino que todavía no ha sido descubierto. O podría ser un "alma evolutiva" o un "metamorfo." (Denominamos con anterioridad al grupo de los metamorfos con el término *diletantes*).

Esto quiere decir que se está moviendo de un reino a otro, o está jugando a la rayuela (golosa o mundo) entre reinos en virtud de la variedad y el crecimiento que este proceso puede proporcionarle.

— **El alma evolutiva:** Si usted es un alma evolutiva, se está moviendo de un reino a otro y podría no identificarse con un grupo en particular. Quizá ha pasado muchas vidas en un reino y ha aprendido todo lo que ha podido de esa experiencia, entonces ha decidido entrar en un nuevo reino. No se identifica por completo con el grupo que acaba de dejar ni con el grupo al cual se acaba de unir.

Si esto le parece familiar, tómese el tiempo de ajustarse a su nuevo grupo, y no se juzgue muy duro por sentirse desconectado. Los Ángeles en la Tierra que están en la categoría de alma evolutiva, pueden sentirse doblemente alienados pues no solamente se sienten separados de los humanos, ¡sino que además se sienten diferentes de los demás Ángeles en la Tierra! Podría sentirse como si fuera el último de la fila: indeseado y menospreciado.

Sepa que estos son sentimientos temporales, y ore pidiendo asistencia espiritual para saber que no está solo y que *sí es* deseado y apreciado. Después de todo, fue muy valiente de su parte cambiar a un nuevo reino, y probablemente lo hizo con la noble intención de ¡ser de mayor utilidad al mundo!

— **Los metamorfos:** Algunas almas desean variedad, emociones y un caudal de experiencia. Si usted es un metamorfo, como "un niño en una dulcería," no puede decidirse por lo que desea, entonces pide un poco de todo. Los metamorfos son Ángeles en la Tierra que se mueven de un reino a otro. Jamás se quedan verdaderamente en un solo reino. Más bien, pasan rozando las virtudes que cada reino tiene que ofrecer. Al mismo tiempo, llevan dones a cada reino de las lecciones que aprenden cuando están en los otros reinos de los Ángeles en la Tierra. Los metamorfos se adaptan rápidamente a las situaciones y a las personas nuevas, son como niños que se mueven mucho y asisten a distintas escuelas, y aún así desarrollan la habilidad de adaptarse rápidamente.

Si usted es un alma evolutiva o un metamorfo, es como una abeja de flor en flor, tomando y llevando sustento mientras viaja. Ofrece servicios valiosos porque infunde de sangre fresca, nuevas ideas y vitalidad renovada a los reinos.

También podría ser el caso que usted sea de un reino que no haya sido descubierto.

Mientras el mundo se desarrolla, se requieren nuevas misiones. Y si usted es una de esas almas iniciando nuevas misiones, ¡Dios lo bendiga por sus servicios!

El trabajo en la vida de las almas evolutivas y los metamorfos

Las almas evolutivas y los metamorfos caen en dos grupos distintos; (1) los pensadores independientes y (2) los adaptadores. Los primeros son individuos de acción e inconformistas radicales que se enorgullecen de ser extraños. Creen que la "normalidad" es equivalente a ser sentenciado a la mediocridad. Los pensadores independientes son campeones de las causas humanitarias y ambientales, a menos que las causas sean demasiado populares. No les gusta seguir la moda, y desean su propio nicho lejos de las masas.

No es sorprendente que a los pensadores independientes les vaya mejor trabajando independientemente en temas relacionados con el arte y la inventiva. No les gustan los sistemas, las reglas ni las normas impuestas por "autoridades" externas. Las carreras ideales para los pensadores independientes serían: bellas artes, artesanías, publicaciones, escritura o fotografía.

A los metamorfos les encanta cualquier carrera que ofrezca emociones y una oportunidad de aprender. Trabajan mejor con el público que los pensadores independientes. Las carreras ideales serían las relacionadas con el mundo de los viajes (trabajando como guía turístico o en un crucero), como agente de talentos o explorador (haciendo realidad los sueños de los demás), y como vendedores de un producto o un servicio en el cual crean verdaderamente.

Guías y sugerencias si usted
es un alma evolutiva o un metamorfo

— **Respete su decisión de
independencia**. Las almas en
este no-reino son generalmente
inconformistas y agitadoras. La
tierra necesita su fortaleza y su
poder ahora mismo, así es que,
por favor, no se desconcentre
tratando de ajustarse en un
grupo en particular (a menos
que surja espontáneamente).

— **Enseñe la libertad.**
Demasiados humanos
permiten ser controlados por
las autoridades reinantes. Al
rehusar conformarse o sentirse
maniatado, usted les enseña
alternativas. Cuanto más haga
para acumular felicidad y paz

214

personal, más efectivas serán sus enseñanzas. Recuerde que usted enseña con su ejemplo, y luego surgirán enseñanzas formales si usted las permite.

— **Manifieste, manifieste, manifieste.** Como usted tiende a trabajar fuera de los sistemas tradicionales, debe confiar en su poder de manifestación personal para mantenerse materialmente. Recuerde que no hay pensamientos ni palabras neutros, así es que todo lo que usted dice o piensa crea su futuro. Por lo tanto, piense en lo que desea y no en lo que teme.

¡Contamos con usted!

*Á*ngel en la Tierra, gracias por ser parte del planeta en este momento. Con su gran Energía amorosa, ¡está ayudando con su sola presencia! Y, sin embargo, y lo sabe bien, usted se comprometió a mucho más que eso. Eligió venir aquí en este momento crucial de la historia de nuestro planeta para efectuar grandes cambios, usando sus recursos naturales de talentos combinados con acciones armoniosas.

A menos que las masas no asuman un enfoque distinto hacia el medio ambiente y hacia los demás, la vida tal como la conocemos, podría acabarse. Usted está aquí para enseñar alternativas. Usted sabrá qué enseñar observando las cosas que estimulan su pasión, que lo emocionan, lo preocupan o lo hacen sentir enojado. Por ejemplo, podría estar aquí para enseñarnos a nosotros, sus semejantes, a manifestar las necesidades materiales para que no tengamos que competir, robar o ir a la guerra para obtener nuestra tajada. O quizá está aquí para enseñarnos la necesidad vital de proteger nuestro aire, nuestra agua y la calidad de nuestros suelos. Quizá usted se comprometió a enseñar métodos más sanos de criar y educar hijos. Existen cientos de temas vitales que se pueden enseñar ahora mismo.

¿Cómo enseñar? De cualquier forma que pueda, por ejemplo, siendo un modelo ejemplar, escribiendo libros, escribiendo artículos, enviando cartas a las editoriales de publicaciones, tomando acción en los sistemas educativos y gubernamentales, y dando charlas o haciendo presentaciones en público.

Una cosa es clara: necesitamos de los Ángeles en la Tierra que estén dispuestos a ser líderes. Los antiguos sistemas carecen de integridad y están comenzando a derrumbarse, es el caso de las corporaciones y las iglesias con historial de abusos. La nueva energía ya no podrá soportar ni esconder la energía oscura. La oscuridad en los sistemas educativo, gubernamental y legal también los hará tambalearse. Mientras estos cambios ocurren, los Ángeles en la Tierra líderes (tales como usted) pueden guiar a las personas para que se alejen del pánico y del pesimismo, y se enfoquen en dejar ir lo viejo y reemplazarlo con algo mejor.

Todos contamos con usted para retomar las riendas del propósito de su vida y acogerlas por completo. Cualquier paso que se tome es útil y desesperadamente necesario ahora mismo..., siempre y cuando provenga de su intención de ayudar. Por favor, no se tarde más en avanzar, esperando descubrir cuál es exactamente su misión, qué paso tomar o que le llegue una garantía a toda prueba de que tendrá éxito. Haga *lo que sea* que venga desde su corazón y será útil de la misma manera en que los pequeños regalos a una causa noble se convierten en una fuerte donación. Comience desde cualquier lugar, ¡solamente dé el salto!

En el camino, por favor cuide su cuerpo físico. Es muy importante en su misión. Debido a que muchos Ángeles en la Tierra como usted jamás han tenido un cuerpo físico, podrían descuidarlo o abusar de él. Alimentándose de productos y bebidas orgánicas, haciendo ejercicios con regularidad y obteniendo el descanso adecuado, tendrá más energía para el propósito de su vida.

Hace unos años, un Ángel en la Tierra muy poderoso llamado Louise L. Hay (a quien he mencionado varias veces en este libro y quien es fundadora de Hay House, mi editorial), se sintió guiada a escribir sus conocimientos sobre la conexión entre las dolencias físicas y los pensamientos internos. Sin embargo, ¡nadie quiso publicar sus escritos! Entonces, en vez de darse por vencida, ella misma escribió a máquina y engrapó varias copias de sus manuscritos. Luego, se sintió llamada a dar talleres sobre el tema. Al comienzo, solo acudían dos o tres personas a sus conferencias. Hoy en día, ese manuscrito: *Sane su cuerpo*, ha ayudado a innumerables personas, y fue la base para su libro de mayor venta del *New York Times: Usted puede sanar su vida,* el cual ha vendido más de 30 millones de copias en el mundo. Y ahora, cuando Louise da conferencias, ¡acuden miles de personas!

¿No se siente feliz de que Louise no haya desistido de seguir con el propósito de su vida y de que haya perseverado? Hay docenas de historias similares de personas que han hecho que el mundo sea un mejor lugar, y cuyos comienzos han sido bastante humildes.

Su verdadero ser es una creación producto del amor, mientras que su ego es una creación producto del temor. Las metas de su ego están dirigidas a hacerlo sentir pequeño, inadecuado e impotente, pero, ¿cómo es posible que si estamos hechos a la imagen y semejanza del Creador, seamos *otra cosa* que no sea grandiosos, poderosos y sabios?

Su ego sabe que si usted recuerda su verdadera naturaleza espiritual (perfecta, poderosa, creativa e inteligente), perderá su poder de atemorizarlo, entonces lo alimentará de mentiras tales como: "Si te vuelves poderoso, abusarás de ese poder. No le agradarás más a las personas. Te sentirán envidia," y cosas por el estilo. ¡Le encarezco que no escuche a su ego! Reléguelo a una esquina y pídale que se guarde sus incongruencias para él. Trátelo como a una mosca que pasa volando y no se enfoque en él.

Los ángeles dicen: "Si comienzas a ponerte nervioso, enfócate en el servicio." Los nervios provienen de las preocupaciones del ego respecto a las opiniones ajenas. Enfocarse en: "¿cómo puedo aportar más amor y luz a esta situación ahora mismo?" evoca los dones y el poder espirituales de su ser superior.

Recuerde que mientras mayor sea su propósito, mayor será el miedo, hay una correlación. Mientras más personas ayude potencialmente, más su ego intentará retrasarlo. Su ego le urge que retrase su misión haciendo preparaciones en vez de actuar. Su ego dice: "Primero tienes que perder peso, ganar más dinero, casarte, divorciarte, mudarte, graduarte, lograr que te publiquen, abrir un centro de sanación, etcétera... y *entonces* podrás ayudar al mundo." ¡Eso es absurdo!

Ángel en la Tierra, ¡usted está listo ahora mismo para su misión! ¡Nunca habrá un día más perfecto que el día de hoy para trabajar en ella! Aunque se sienta poco calificado o poco preparado, ¡hágalo de todas maneras! El escritor Sheldon Kopp dijo en una ocasión: "Nunca he comenzado ningún cometido importante para el cual me haya sentido adecuadamente preparado." Es decir, probablemente jamás se sienta completamente listo para su misión, entonces no tiene sentido que espere.

Ore y pida tareas diarias que le digan cómo puede ayudar a hacer de la Tierra un ambiente más puro y más pacífico. Sus oraciones serán respondidas en forma de oportunidades para aprender y sanar. Y cuando estas puertas le sean abiertas, no se dé la vuelta ni vaya hacia otro lado. Usted *está* listo. Usted *merece* realizar esta hermosa obra. Y *está* calificado para hacerlo... ¡*ahora!*

Acerca de la autora

Doreen Virtue posee un doctorado en psicología y consejería. Durante un tiempo ejerció como psicoterapeuta y ahora ofrece talleres en temas relacionados con sus libros y cartas oráculas. Es autora de *The Care and Feeding of Indigo Children (Cuidado y alimentación de los niños Índigo*, del libro y las cartas *Sánese con los ángeles* y del libro y las cartas *Messages from Your Angels (Mensajes de sus ángeles)*, entre muchas otras obras. Ha sido invitada a los programas *Oprah*, CNN y *Good Morning America*; y ha aparecido en periódicos y revistas de todo el mundo.

Para información sobre los talleres de Doreen, por favor visite su página de internet: **www.AngelTherapy.com.**

✿ ✿ ✿

Esperamos que haya disfrutado este libro de Hay House.
Si desea recibir un catálogo gratis con todos los libros y
productos de Hay House, o si desea mayor información
acerca de la Fundación Hay, por favor, contáctenos a:

Hay House, Inc.
P.O. Box 5100
Carlsbad, CA 92018-5100

(760) 431-7695 ó (800) 654-5126
(760) 431-6948 (fax) ó (800) 650-5115 (fax)
www.hayhouse.com®

✿ ✿ ✿

Sintonice **HayHouseRadio.com®** y encontrará
los mejores programas de radio sobre charlas
espirituales con los autores más destacados de
Hay House. Si desea recibir nuestra revista electrónica,
puede solicitarla por medio de la página de Internet
de Hay House, de esta forma se mantiene informado
acerca de las últimas novedades de sus autores favoritos.
Recibirá anuncios bimensuales acerca de: Descuentos
y ofertas, eventos especiales, detalles de los productos,
extractos gratis de los libros, concursos y ¡mucho más!
www.hayhouse.com®